MANFRED LEIST
Eltern und Lehrer

Erziehung vor dem Forum der Zeit
Schriften aus der Freien Waldorfschule

14

MANFRED LEIST

Eltern und Lehrer

Ihr Zusammenwirken
in den sozialen Prozessen
der Waldorfschule

VERLAG FREIES GEISTESLEBEN

CIP-Kurztitelaufnahme der Deutschen Bibliothek

Manfred Leist:
Eltern und Lehrer: Ihr Zusammenwirken in den sozialen Prozessen
der Waldorfschule / Manfred Leist. –
Stuttgart: Verlag Freies Geistesleben, 1986.
(Erziehung vor dem Forum der Zeit; 14)

ISBN 3-7725-0294-6

NE: GT

© 1986 Verlag Freies Geistesleben GmbH, Stuttgart
Einband: Walter Krafft
Gesamtherstellung: Greiserdruck, Rastatt

Inhalt

Vorwort

Das Thema «Eltern und Lehrer» aktualisiert sich seit 1919 mit jeder heranwachsenden Schülergeneration. Dem, was heute die Menschen in diesem Zusammenhang bewegt, versucht diese Schrift nachzuspüren, wobei ein starker Akzent auf das gelegt wird, was als Lebensgrundlage für eine fruchtbare Entfaltung der Waldorfschule vorauszusetzen ist: *das Vertrauen* zwischen Eltern und Lehrern. Vertrauen ist nichts Statisches, es muß immer von neuem errungen werden. So wird auch manches angesprochen, was noch mehr oder weniger unvollkommen ist, es wird auf Fehlerquellen gedeutet, die sich aus der allzumenschlichen Natur aller Beteiligten ergeben; mögliche Schritte zur Heilung sozialer Krankheitsprozesse werden erwogen. Die Waldorfschule versteht sich als ein *Weg*, nicht als ein idealer Endzustand.

Den Ausgangspunkt für diese Schrift bilden einige Aufsätze, die im Laufe der Jahre aus verschiedenen Anlässen und unter unterschiedlichen Aspekten in der Monatsschrift «Erziehungskunst» erschienen sind. Die früheren Beiträge wurden umgearbeitet und mit neuen Darstellungen zu einem größeren Zusammenhang verbunden. Es handelt sich bei den ausgesprochenen Gedanken um die Ergebnisse einer über 30jährigen praktischen Erfahrung innerhalb der Kollegialprozesse der Waldorfschulbewegung.

Die Inhalte der Menschenkunde Rudolf Steiners und der Waldorfpädagogik werden in dieser Schrift ebensowenig behandelt wie die in den Bereich der Pädagogik fallende Frage nach dem Verhältnis zwischen Schüler und Lehrer; sie beschränkt sich auf einen ganz bestimmten sozialen Aspekt mit allem, was sich aus ihm im näheren und weiteren ergibt. Doch darf gesagt werden, daß nur derjenige dem Dargestellten mit dem nötigen Verständnis wird begegnen können, der mit den Grundlagen der Waldorfpädagogik – jedenfalls anfänglich – vertraut ist.

Das erste Kapitel enthält Grundgedanken zur sozialen Dreigliederung; diese bildet das Fundament der gesamten Schrift. In den folgenden Abschnitten (Kapitel 2 bis 5) werden spezielle Eltern-Lehrer-Fragen erörtert. Das anschließende Kapitel 6 befaßt sich mit der Finanzierung einer Freien Schule. Abschließend (Kapitel 7 und 8) klingt an, was Eltern und Lehrer immer wieder gemeinsam tief bewegt: wie sich die Waldorfschule im weiteren sozialen Zusammenhang und im Rahmen der die Gegenwart bewegenden politischen Fragen darstellt.

Es sei noch darauf hingewiesen, daß die Reihe dieser zu Kapiteln eines Buches verarbeiteten Einzelbetrachtungen keine systematische Darstellung sein will. Jedes Kapitel stellt in gewisser Weise einen in sich geschlossenen Zusammenhang dar. Wer eine breiter angelegte Betrachtung sucht, sollte sich das Buch *Stefan Lebers* «Die Sozialgestalt der Waldorfschule» vornehmen, in dem in umfassender Weise die sozialen Aspekte der Waldorfschule behandelt und auch im Blick auf andere wissenschaftliche Literatur aufgearbeitet sind. – Der Autor will mit dieser Schrift bewußt bestimmte Schwerpunkte hervorheben, er möchte den interessierten Leser zu einem wachsenden sozialen Verständnis anregen. Vor allem aber möchte er die Teilnehmer an dem geschilderten Zusammenwirken zu einer immer noch wachsenden Geduld im Umgang miteinander impulsieren und sie zu unbefangener Tatbereitschaft ermutigen.

Das Motiv der vorliegenden Schrift hat *Ernst Weißert* mit dem Leitwort «Eltern und Lehrer im Bunde für eine neue Erziehungskunst» der großen Eltern-Lehrer-Tagung im Bund der deutschen Waldorfschulen in den sechziger Jahren vorangestellt (seit 1972 ist daraus eine Eltern-Lehrer-Schüler-Tagung geworden). Für denjenigen Leser, der den 1981 verstorbenen Ernst Weißert nicht mehr kennengelernt hat, sei gesagt, daß diese kraftvolle Lehrerpersönlichkeit der Impulsator (unter vielem anderen) für die besonderen Formen der Eltern-Lehrer-Zusammenarbeit in der deutschen Schulbewegung war. Diese Schrift versucht, auf ihre Weise einen Beitrag zu dem zu geben, was Ernst Weißert für diesen Lebenszusammenhang intendiert hat. Sie ist damit zugleich ein Dank an diese dynamische und menschliche Wärme ausströmende Persönlichkeit und an das, was an Impulsen segensreich von ihr ausging.

September 1986   *Manfred Leist*

Waldorfschule und soziale Dreigliederung

I

Wenn man die Pädagogik Rudolf Steiners – unter dem Namen Waldorfpädagogik bekannt geworden – näher ins Auge fassen will, so wird rasch deutlich, daß dabei verschiedene Betrachtungsarten oder Wahrnehmungsfelder in Frage kommen. Zwei große Hauptakzente sind vor allem deutlich:

Einmal handelt es sich bei dieser Pädagogik um einen umfassenden Ansatz, Erziehung ihren Inhalten und ihren Methoden nach aus einer spirituellen Menschenerkenntnis neu zu begründen. Der altehrwürdige, in der Vergangenheit stark vom Kirchlich-Religiösen her bestimmte Strom der Pädagogik war im Zeitalter der Aufklärung und der naturwissenschaftlichen Emanzipation bei allen gewonnenen Freiheitselementen schließlich doch zunehmend in eine materialistisch verengte Lebensauffassung eingemündet. Diese wurde dem heranwachsenden Menschen, seiner Herkunft und seiner Bestimmung, nicht mehr gerecht; der Zeitpunkt war gekommen, hier aus christlich-spiritueller Verantwortung heraus neue Wege zu gehen.

Zum anderen stellt sich Schule als eine Einrichtung unserer modernen gesellschaftlichen Verhältnisse dar. Sie hat eine Sozialgestalt, die bestimmt wird durch Art und Umfang der von ihr zu bewältigenden Aufgaben. Es versteht sich, daß die Sozialgestalt einer Waldorfschule ein angemessenes Gefäß für das Moment der spirituellen Vertiefung der Pädagogik sein muß; sie wird sich in einer Art »verfassen«, die den auf Rudolf Steiner zurückgehenden Ideen von der Dreigliederung des sozialen Organismus entspricht.

Mit dieser Betrachtung soll nun ein Blick auf die soziale Komponente der Waldorfschule geworfen werden; und zwar nicht vom historischen Gesichtspunkt aus, also nicht von ihrer Entstehung vor fast 70 Jahren her. Wir können uns dem begrifflichen Element der Sozialgestalt der Waldorfschule auch in der Weise nähern, daß

9

wir ganz allgemein und grundsätzlich nach den Bedingungen der menschlichen Existenz in sozialer Hinsicht fragen. Aus dem, was sich uns dabei ergeben wird, wollen wir den Typus Schule als eine bestimmte Form des gesellschaftlichen Zusammenwirkens zu beschreiben versuchen.

Das Wort *sozial* ist in vielfältiger Weise mit Vorstellungsinhalten und programmatischen Aspekten besetzt, es wird in Wissenschaft und Praxis für ganz unterschiedliche Dinge benutzt. Auch bei Rudolf Steiner finden wir dieses Wort in durchaus verschiedener Bedeutung. (Nebenbei bemerkt liegt gerade darin etwas Wohltuendes, daß man bei Steiner kaum einen Ausdruck in ein für allemal feststehender Weise findet. Will man ihn richtig verstehen, so muß man sich jedesmal auf den betreffenden Zusammenhang voll einlassen und herausbekommen, was gerade an dieser Stelle unter einem bestimmten Begriff verstanden werden soll.) Wenn wir jetzt das Wort sozial benutzen, so nehmen wir seine ganz neutrale Bedeutung, wie sie jedem Konversationslexikon zu entnehmen ist. In der zentralen Schrift «Die Kernpunkte der sozialen Frage in den Lebensnotwendigkeiten der Gegenwart und Zukunft» (1919) legt Rudolf Steiner auch diesen ganz allgemein gehaltenen Begriff zugrunde. In diesem Sinne ist sozial das, was «die Gesellschaft betrifft», was die Beziehung der Menschen untereinander betrifft, in gewisser Weise auch das Zwischenmenschliche.

Wenn wir nun auf dieses soziale Geflecht hinblicken, auf das, was die Menschen untereinander bewegt, so erkennen wir bald gewisse Verhaltensweisen oder Grundgesten, die allem Tun und Streben zugrunde liegen, die aus ganz bestimmten Impulsen herrühren und aus denen entsprechend gefärbte und geformte Beziehungen zwischen den Menschen hervorgehen. Einen Typus dieses Verhaltens, den wir alle aus eigener Erfahrung gut kennen, wollen wir zunächst herausgreifen und näher anschauen.

II

Jeder von uns hat bestimmte, individuell gefärbte Fähigkeiten, aus denen heraus und durch die er etwas produziert, durch die er etwas hineingibt in die Welt. Damit ist nicht das äußere Ergebnis eines Tuns gemeint, nicht das Paar Schuhe, das der Schuster herstellt, nicht der Inhalt eines Rates, den der Arzt einem Patienten erteilt; vielmehr das Zurverfügungstellen einer bestimmten Kraft, mit der jeder Mensch etwas in den sozialen Zusammenhang aus seinem Wesen heraus hineinstellt. Und dieses, was hier ins Auge zu fassen ist, ist nicht beruflich fixierbar, es betrifft uns alle. Es ist etwa gemeint die Tätigkeit eines Arbeiters am Fließband, mit einer vielleicht normierten Handbewegung; genauso der Zugriff des Bildhauers, der seinen Stein bearbeitet und dem Ungeformten etwas Geniales entlockt; die Tätigkeit einer Hausfrau gehört ebenso hierher wie auch der innere Griff eines Lehrers oder der Eltern, der zu einer pädagogischen Maßnahme Kindern gegenüber führt.

Und all diesen Fähigkeitseinsätzen, diesen Entäußerungen einer Intensität, ist eines gemeinsam: es sind keine mechanischen Reflexe. Es lebt etwas Willenshaftes darin, etwas was von einem Menschen bewußt, halbbewußt oder vielleicht auch nur ganz dunkel-bewußt ausgeht; es ist eben nicht etwas, was von einer Maschine getan wird, sondern von einem Menschen, es hat etwas an sich, was wir Ich-Intentionalität nennen können. Eine bestimmte Intentionalität gibt aus ihren Möglichkeiten etwas Unverwechselbares in den sozialen Zusammenhang hinein, und zwar aus ihren geistig-seelischen Fähigkeiten, aber auch aus den körperlichen, also aus dem gesamten Haushalt ihrer Existenz.

Wenn wir diese breite Palette möglichen Tuns vor uns sehen, verstehen wir, daß das etwas Kreatives ist – auch in der bescheidensten Handlung –, etwas, das die Welt verändert, weil sie vorher anders verfaßt war. Und dies alles, dieser individuell geprägte Einstand, das ist das, was wir *Geistesleben* im Sinne Rudolf Steiners nennen können[1]. Steiner bildet also nicht einen allgemein gehaltenen Kulturbegriff, meint nicht nur Kunst und Wissenschaft usw. und nicht nur die Tätigkeit bestimmter Berufe, sondern er bezeichnet als Geistesleben eben das, was wir alle tun – alle Men-

1 Rudolf Steiner: Die Kernpunkte der sozialen Frage, 2. Kapitel, GA 23, Dornach 1961. – Siehe auch die Schriften von Heinz Kloss: Die Selbstverwaltung des Geisteslebens, Frankf./M. 1981; und: Selbstverwaltung und die Dreigliederung des sozialen Organismus, Frankf./M. 1983.

schen sind in diesem Sinn Produzenten des Geisteslebens. Wir können hier auch den Begriff *Arbeit* ins Auge fassen, denn das ist es ja, was wir in den sozialen Zusammenhang hineinstellen, jeder an seinem Lebensplatz, gleich ob es sich dabei um bezahlte oder unbezahlte Arbeit handelt. Auch der heute so bezeichnete «Arbeitslose» muß sich in diesem Sinne nicht ausgeschlossen fühlen aus diesem Element Arbeit, da auch er aus seinen Fähigkeiten an irgendwelchen Stellen ja doch etwas in die Welt hereingeben kann und wird.

Wenn man so alle Arbeit – Gedankenarbeit ebenso wie manuelle – als Quelle des Geisteslebens bezeichnen will und damit eine bestimmte *Funktion* menschlichen Verhaltens beschreibt, schließt sich daran notwendigerweise die Frage, wie nun die angemessene *Struktur* für diese Funktion beschaffen sein sollte. Wie «verfaßt» sich unser soziales Leben, wenn «Geistesleben» sich optimal ereignen soll?

Man kann das vielleicht am besten an der Gestalt eines Künstlers, an der Gestalt eines Malers, verdeutlichen, der ganz nur nach seinen eigenen Intentionen in seinem Atelier ein Gemälde schafft. Denkt er dabei an einen möglichen Abnehmer dieses Produktes, so mischen sich in den Akt der ungehemmten Kreativität möglicherweise andere Gesichtspunkte ein. Wird ihm gar ein bestimmter Auftrag erteilt, so können sich zusätzliche, seine schöpferische Freiheit einengende Momente ergeben. Lasse ich ein Porträt meines Großvaters malen und wünsche in besonderer Weise Orden und Ehrenzeichen mit ins Licht gerückt zu sehen, dann engt sich die Freiheit dieses Künstlers, der sich vielleicht gerade an der exponierten Nase oder dem bedeutungsvollen Blick des zu Malenden hatte entzünden wollen, deutlich ein. Man sieht: Je mehr bestimmendes Auftragselement «ins Geschäft» hineinkommt, um so weniger ist jeder von uns imstande, sich seinen Fähigkeiten entsprechend frei zu entfalten. Wir erkennen also, daß als Struktur für die Funktion dessen, was wir Geistesleben nennen wollen, die Selbstbestimmung, die Selbstverwaltung des Tätigen, seine Selbstverantwortlichkeit in Frage kommen. Wir können *Freiheit* als die Grundbedingung für das Geistesleben erkennen[2].

2 Über das Verhältnis der drei Begriffe «Freiheit», «Gleichheit», «Brü-

Das differenziert sich nun in der sozialen Wirklichkeit außerordentlich. Wir wissen, daß jedenfalls das allgemeine Berufsleben nicht so geordnet werden kann, daß überall absolute Freiheit herrscht. Die jeweiligen Arbeitsbedingungen, auf die im Interesse eines sinnvollen Zusammenwirkens aller Menschen nicht verzichtet werden kann, ermöglichen nur ganz unterschiedliche Grade eines Freiheitselements. Am deutlichsten können wir es vielleicht beim Typus des freischaffenden Künstlers sehen oder auch beim Privatlehrer eines einzelnen Kindes; in diesem *kreativen* Bereich ist die Möglichkeit der vollen Selbstbestimmung des Tätigen wohl am ehesten gegeben[3]. Weiter können wir dann einen Bereich sehen, in dem sozusagen das «was» vorgegeben, aber das «wie» der Tätigkeit disponibel bleibt; wir können hier von *konstruktiven* Fähigkeiten sprechen und haben dabei den Bereich einer Bürotätigkeit oder anderer Auftragsverhältnisse der verschiedensten Art im Auge. Am schwierigsten wird es sein, etwas von Selbstverantwortlichkeit zu entdecken, wenn wir den Bereich der sogenannten *produktiven* Fähigkeiten betrachten, als deren extremsten Fall man etwa die Tätigkeit eines Industriearbeiters – verengt möglicherweise auf wenige bestimmte Handgriffe, die sich immer wiederholen – bezeichnen kann. Aber auch er trägt – wie reduziert auch immer – etwas aus seinen Fähigkeiten bei, seine Handbewegung muß von ihm gewollt sein.

Wir lassen bei dieser Betrachtung bewußt die tief bedeutende Frage unberührt, was alles zu geschehen hätte und was auch durchaus geschehen könnte – gelegentlich auch ansatzweise schon geschieht –, um dem an einer Maschine arbeitenden Menschen eine stärkere innere Beziehung zu seinem Arbeitsbereich zu ermöglichen. Wir lassen auch den weiteren sehr ernsten Gedanken hier unberücksichtigt, was für Motive für die innere Entwicklung eines Menschen ins Spiel kommen können, wenn er auf das «Ausleben» einer vorhandenen Begabung verzichtet und etwa eine mehr dienende Tätigkeit ergreift, die im allgemeinen sozialen Kontext

derlichkeit» zueinander: siehe Rudolf Steiner, a. a. O. (am Schluß des 2. Kapitels).
3   Ich folge hier der Darstellung Stefan Lebers in: Selbstverwirklichung – Mündigkeit – Sozialität. Fischer Taschenbuch, Auflage 1982. S. 101.

geleistet werden muß. Unbeschadet solcher tiefer lotenden Gedanken bleibt es im Prinzip doch dabei, daß jeder Mensch, gleich an welcher Stelle, aus seinem persönlichen Willen etwas als Tätigkeit entäußert und dabei im Geistesleben aktiv wird.

III

Einen Gegenpol zu dieser menschlichen Geste, die wir als Signatur des Geisteslebens bezeichnet haben, stellt alles das dar, was auf der Bedürfnisnatur des Menschen beruht. Aus der Tatsache, daß der Mensch in einer Leiblichkeit auf der Erde existiert, ergeben sich bestimmte notwendige Folgerungen, eben die Bedürfnisse. Diese zu befriedigen ist die *Funktion* des *Wirtschaftslebens*. Es antwortet zunächst auf die sogenannten primären Bedürfnisse, unter denen wir den Nahrungstrieb und das Streben nach Bekleidung und Wohnung verstehen. Zur Befriedigung dieser Bedürfnisse müssen Stoffe dem Zusammenhang der Erde entnommen werden, sie werden umgeformt und durch andere Menschen weitergetragen und schließlich von allen konsumiert[4]. Die primären Bedürfnisse des Menschen verfeinern sich, es entstehen sekundäre und weitere Bedürfnisse. Aus der Notwendigkeit, sich bekleiden zu müssen, entsteht z. B. der Wunsch nach modischer Kleidung. Weiter entstehen kulturelle Bedürfnisse, die durch Bücher, Konzerte und anderen Kunstgenuß befriedigt werden. Dies alles, schließlich auch das, was sich nicht unmittelbar als stofflich greifbare *Ware* darstellt, sondern was *Dienstleistung* im weitesten Sinne ist, kann einem umfassenderen Warenbegriff zugerechnet werden. (Dienstleistung ist hier nicht unter dem «geistigen» Aspekt der zur Verfügung gestellten Tätigkeit anzuschauen, sondern unter dem des Arbeits*erfolges*, also etwa der durchgeführten Taxifahrt oder dem Inhalt des vom Arzt erteilten Rates o. ä.)

Gewisse Kräfte entdecken wir in diesem Kreislauf des Produzierens und des Konsumierens, ein Mitschwingen von ganz bestimmten seelischen Regungen des Menschen. Der erste Motor für das,

4 Der Warenbegriff Rudolf Steiners: siehe Die Kernpunkte der sozialen Frage, 2. Kapitel, a. a. O.

was wir Wirtschaftsleben nennen können, ist ein egoistisches Moment, aber ein zunächst ganz wertneutrales, ja sogar positives: der Selbsterhaltungstrieb. Jeder Mensch hat die Pflicht, so gesund wie möglich zu sein, um seine Arbeit gut tun zu können. Also ein gewisser Selbsterhaltungstrieb ist unerläßlich, ja geradezu moralisch gefordert. Andererseits sehen wir aber, daß aus der Triebnatur unserer Leiblichkeit der an sich gesunde Selbsterhaltungstrieb, dieser «legitime Egoismus», ständig zu etwas anderem zu werden droht: wir neigen dazu, eine Gewinn- oder Verbrauchsmaximierung anzustreben. Das beginnt mit Harmlosigkeiten, kann aber die Seele mehr und mehr ergreifen und sich zu den verschiedensten Formen der Gier und der Ausbeutung anderer u. dgl. entwickeln.

Aber wir finden in diesem Rahmen der Bedürfnisbefriedigung auch noch ganz andere Kräfte unmittelbar vor. Nachdem die Menschheit den ursprünglichsten Status der Selbstversorgung verlassen hatte, also schon beim ersten Tauschhandel, war die arbeitsteilige Wirtschaft im Ansatz geboren. Heute finden wir sie in einer außerordentlich intensivierten Verfeinerung vor. Wir sehen, daß wir als Menschen im Wirtschaftsleben zu einem gewissen Altruismus selbst dann «verurteilt» sind, wenn wir charakterlich mehr oder minder zum Egoismus neigen. Wir können alles das, was wir (gleich in welchem Tätigkeitszusammenhang) produzieren, gar nicht selbst verbrauchen. Wir dienen also unentwegt der Befriedigung der Bedürfnisse anderer Menschen. Neben dem wertfreien Selbsterhaltungstrieb gibt es im heutigen Wirtschaftsleben als originäre seelische Triebfeder also auch eine «technologische Brüderlichkeit» (Stefan Leber).

Für die *Strukturen* des Wirtschaftslebens stellt sich die Frage, wie wir zwischen Egoismus und Altruismus ein menschlich angemessenes Verhältnis herstellen können; oder anders gefragt: Wie können wir gegenüber der Neigung des Menschen, aus seiner Triebnatur den Egoismus überwiegen zu lassen, eine Gegenkraft aufrufen, eine Gegenkraft, die wir *Brüderlichkeit* nennen? Sie ist ja, wie wir sahen, auf der sachlichen Ebene als sinnvolles Verhaltensmuster bereits veranlagt. Das Wort Brüderlichkeit spricht die geistig-moralische Natur des Menschen an, entsprechende Impulse sind zu entwickeln und zu pflegen. Andererseits bedarf es dann aber auch der nötigen Formen und Einrichtungen, in denen

Brüderlichkeit sich gesund entfalten kann. Der Mensch ist in eklatanter Weise von Geburt an *nicht* sozial. Die kleinen Kinder, die ja wie Engelwesen anzuschauen sind, «denken» nur an sich, sie können gar nicht anders. Der Mensch wird nicht edel geboren, wenn auch oft etwas Zauberhaftes und Reines von den Kindern ausgeht; erst durch das Zusammenleben der Menschen wird eine «Sozialisation» Schritt für Schritt erreicht, d. h. wir verhalten uns letztlich erst dann wirklich als Menschen, wenn wir nicht nur danach streben, unsere eigenen Bedürfnisse zu befriedigen, sondern wenn wir gleichgewichtig oder sogar in erster Linie um das Wohl unserer Mitmenschen besorgt sind.

Wir müssen es in dieser Betrachtung im Hinblick auf die angemessenen Strukturen für das Wirtschaftsleben bei wenigen nur andeutenden Bemerkungen belassen. Wenn man das Thema vertiefen wollte, so hätte man zu fragen, unter was für Gesichtspunkten die Menschen in unserer Zeit ihre wirtschaftlichen Verhältnisse eingerichtet haben. Es wäre zu untersuchen, welche Kräfte in der sogenannten westlichen Welt mit ihrem kapitalistischen System, auch in der verfeinerten Form einer sozialen Marktwirtschaft, das Geschehen beherrschen. Wir würden uns dann auseinanderzusetzen haben mit den Gedanken eines Adam Smith (1723–1790), dem ideellen Vater des liberalistischen Wirtschaftssystems. Seine Grundmaxime war, daß im Wirtschaftsleben eine vernünftige Ordnung herrsche, wenn jeder danach strebe, tüchtig voranzukommen. Aus dem Streben nach dem größtmöglichen Wohl für den einzelnen würde sich dann auch das größtmögliche Wohl für alle ergeben. Der Puritanismus, wie er in England sich entwickelt hat, hat diese Haltung eines «Sozialdarwinismus» wesentlich mitbestimmt. In einer Welt der freien Konkurrenz trägt jeder seinen Marschallstab im Tornister. Das überträgt sich vom einzelnen auch auf die jeweilige Gruppe: hier die Unternehmer, da die in Gewerkschaften organisierten Arbeiter, hier die Produzenten, dort die Verbraucher usf.

Die nach dem Modell der Planwirtschaft eingerichtete östliche Wirtschaftsordnung geht von völlig anderen Prämissen aus. Wird hier ein dem Wirtschaften letztlich fremdes, von oben verordnetes und die Initiative lähmendes Prinzip der Gleichmacherei praktiziert, so ist es dort (im Westen) ein überspitzter Individualismus.

16

Die Bedürfnisse der Menschen sind in der Tat individuell verschieden, was keinesfalls nur für den Verbraucher, sondern ebenso für die notwendige schöpferische Impulsation des Produzenten gilt. Man landet in einer Sackgasse, wenn man diesen ganz subjektiven Antrieben für das Wirtschaften nicht sinnvoll Rechnung trägt. So wie man ebenso einer letztlich menschenfeindlichen Tendenz unterliegt, wenn man zu einseitig die Maxime der Selbstverwirklichung (die als Grundtrieb des Geisteslebens ihre Berechtigung hat) zugrunde legt.

Es gilt zwischen diesen beiden Extremen nach einem mittleren Weg zu suchen. Rudolf Steiner hat für das Wirtschaftsleben den Begriff der *Assoziation* entwickelt, der besagt, daß Produzenten und Verbraucher sich an einen Tisch zu setzen haben, um über die beiderseitigen Bedürfnisse sich abzustimmen[5]. Der Konsument hat zwar seine legitimen subjektiven Bedürfnisse, aber er muß sie mit den Bedürfnissen einer sinnvollen Produktion in Einklang bringen; ebenso muß sich der Produzent an den realen Bedürfnissen der Bevölkerung orientieren. Kein Einzelner und keine Gruppe darf allein von seinen/ihren Interessen und Bedürfnissen ausgehen. Ein sachgemäßes Urteil über wirtschaftliche Vorgänge und Erfordernisse – so führt es Rudolf Steiner sehr tiefgründig und überzeugend aus – kann nur in Gemeinsamkeit aller Beteiligten gewonnen werden[6]. Abstimmung mit der jeweiligen Bedürfnislage des anderen, Beratung und gemeinsame Planung müssen als notwendige Ergänzung zu den individuellen Antrieben praktiziert werden. Ein solches assoziatives Zusammenwirken müßte sich für verschiedene Wirtschaftszweige im Kleineren, aber auch im Größeren, Staatengrenzen überspringend, ergeben, wenn menschenwürdige Verhältnisse durchgängig entstehen sollen. Wenn man sich mit solchen Gedanken, Bildern und Tendenzen, die ja bisher nur in bescheidensten Ansätzen verwirklicht sind, intensiver auseinandersetzt, so wird man auf zahlreiche weitere sehr ernste Fragen stoßen. Neue Formen für das Eigentum an Produktionsmitteln, für das Eigentum an Grund und Boden, für eine Betriebs-

5 Rudolf Steiner: Nationalökonomischer Kurs. GA 340, Dornach 1979, S. 79, 109.
6 Ebd., S. 150 f.

verfassung und vor allem für die Regelung der Entlohnungsverhältnisse, müßten entschieden gedacht und schrittweise verwirklicht werden.

IV

So haben wir vor uns zwei große soziale Gesten: Aus unseren Begabungen und Fähigkeiten heraus geben wir etwas mit individueller Färbung hinein in die Welt – das haben wir als *Geistesleben* bezeichnet. Und die andere Gebärde: Von unserer Leibesnatur ausgehend müssen wir uns mit der Erde auseinandersetzen, wodurch unser Egoismus angesprochen ist; andererseits wird aus unserem innersten Wesen die Kraft der Brüderlichkeit herausgefordert – das sind die Vorgänge des *Wirtschaftslebens*. Es ist nun noch auf ein Drittes zu schauen, was wir zwischen «Geist» und «Natur» als ein mittleres Element finden. Es ist das, was wir *Rechtsleben* nennen.

Beim Rechtsleben kommt es nicht so sehr auf die individuellen Fähigkeiten und auch nicht auf die bei aller Allgemeinheit doch durchaus subjektiven Bedürfnisse an. Hier ist vielmehr etwas ganz anderes, etwas in eigenartiger Weise Gleichartiges, ja in gewisser Weise sogar Abstraktes der Ausgangspunkt. *Der Mensch* als solcher – unabhängig von Rasse, Volk, Geschlecht, von Religionszugehörigkeit usw. – braucht eine gewisse Ordnung, um mit anderen Menschen zusammenzuleben. Wir alle brauchen um uns – sowohl physisch als auch seelisch – einen gewissen Raum der Geschütztheit. Es ist sozusagen die Sphäre des Staatsbürgers mit ihrem Bezugssystem von Rechten und Pflichten im sozialen Kontext. Auch das kleine Kind, der Kranke, ja der Verbrecher ist in diesem Sinne Staatsbürger. Und wenn wir dieses Bürgerrechtselement richtig verstehen, wenn wir tiefer hineinloten, so finden wir in diesem Abstrakten als Kern doch etwas zutiefst Konkretes, etwas tief Religiöses. Es ist der Mensch gleichsam als Ebenbild Gottes, der Mensch als Bruder im christlichen Sinne.

In Art. 1 unserer Verfassung, dem Bonner Grundgesetz, ist das, was Recht seinem Wesen und seiner *Funktion* nach ist, in klassischer Einfachheit ausgesprochen. Es heißt da, daß die Würde des

Menschen unantastbar und sie zu achten und zu schützen die Aufgabe aller staatlichen Gewalt ist. Das ist ein Urrechtssatz, der zugleich dem Staat, d. h. letztlich allen Bürgern gemeinsam, seine Aufgabe in positiver Weise zuweist. Nun ist es aber so, daß es im Rechtsleben einen Hang zum Konservativen gibt. Was heute zwischen Menschen als Recht erkannt und gesetzt wird, nimmt eine gewisse Form an und neigt dann dazu zu erstarren. Es gewinnt leicht ein Eigenleben, das den Menschen von morgen tyrannisiert. Nun ist aber auch die Anarchie, in der wir Erstarrtes auflösen, auf Dauer ein rechtloser Zustand. Recht ist wandelbar in der Zeit, es entsteht täglich neu im Pendelschlag zwischen Anarchie und Verfestigung. Der Mensch muß als Einzelner und durch seine demokratisch zu bestimmenden Organe immer neu daran arbeiten, eine möglichst optimal menschenwürdige Rechtsordnung für das Zusammenleben und -wirken der Menschen zu setzen; ihre *Struktur* wird vom Grundsatz der *Gleichheit* aller vor dem Gesetz bestimmt. Wie im einzelnen Menschen durch die Auseinandersetzung zwischen Rechtsgefühl und abwägenden Gedanken Recht impulsiert wird und wie es dann (nach einer Formulierung Rudolf Steiners) durch einen «wechselseitigen Verkehr der Vernünfte» im demokratischen Verfahren zur für alle verbindlichen Rechtsordnung wird, das ist ein eigenständiger sozialer Prozeß. Hier zeigt sich eine ganz andere soziale Geste, die von Mensch zu Mensch im Heute und Hier in einer Bewegung eher horizontaler Art sinnvolle Ordnungen schafft.

In Mitteleuropa ist eine gewisse Neigung zu erkennen, die man mit Kaisertreue bezeichnen kann. Der Deutsche zumal, der angeblich keine Revolution macht, weil er vor einem Schild «Rasen betreten verboten» seine revolutionären Impulse zu Grabe legt, ist von Natur aus brav und staatsgläubig. Was man früher von der Religion und den Kirchen erwartete, wird heute zum Teil als eine Art Heilserwartung dem Staat entgegengebracht. Er wird als Träger einer «allgemeinen Daseinsvorsorge» (Ernst Forsthoff) betrachtet, der im Grunde alles, auch das Wirtschaftsleben und das Kulturelle, zu beaufsichtigen und zu ordnen hat. Indem unser heutiger Staat das wesentlich so praktiziert, tritt er aber über die ihm zustehenden Grenzen. Wo das Stiften einer vernünftigen Ordnung erwartet wird, entsteht eher auf weiten Strecken geschwulstartige Unordnung. Es soll damit nicht gesagt sein, daß das im Einzelfall auf der möglichen Negativ-Tendenz des Rechtslebens, dem persönlichen oder institutionellen Machttrieb beruht: in der Regel ist eine eklatante Abwesenheit von angemessenen Ideen die Ursache hierfür. Es gilt heute, sich auf die Auffassung Wilhelm von Humboldts zu besinnen, der in seiner bedeutenden Schrift «Ideen zu einem Versuch, die Grenzen der Wirksamkeit des Staates zu bestimmen» die legitimen Aufgaben einer Rechtsordnung dargestellt hat.

V

Wenn man im Blick auf den Menschen als soziales Wesen drei ganz verschiedene Grundgebärden erkennen kann, so wird man sich doch davor hüten müssen, die so gewonnenen Gedanken zu schnell und zu direkt in die soziale Wirklichkeit übersetzen zu wollen. In der Wirklichkeit sind ja die sozialen Bereiche nicht äußerlich getrennt, sie sind vielmehr in komplizierter Weise ineinander verwoben, es herrscht ein Zustand der Immanenz. Wir alle stehen gleichzeitig in Prozessen des Geistes-, des Wirtschafts- und des Rechtslebens –, fast jedes Geschehen hat alle Momente in sich, wenn auch jeweils das eine oder andere überwiegen mag. Gewiß handelt es sich bei diesen Ideen und den Tatsachen, in denen sie sich manifestieren, um etwas, was auf dem Wege einer wissenschaftlichen Betrachtungsart erhellt werden kann. Es handelt sich aber nicht um einen »Modellplatonismus«, also nicht um fertige Raster, die man dem Leben einfach aufprägen könnte. Wir haben in solchen Gedanken vielmehr in sich bewegliche Schlüsselbegriffe, gepaart mit zarten, tastenden Lebensempfindungen. Es gehört zum Wesen des Sozialen, daß seine Realisation in keiner Weise vorgegeben ist. Vielmehr muß in jeder konkreten Situation von konkreten Menschen die für den betreffenden Zusammenhang sinnvolle Form erst neu geschaffen werden. Hierbei sind gewiß in bezug auf die drei sozialen Gesten die dargestellten Gedanken von großer Hilfe. Aber, um es noch einmal deutlich zu sagen, das «sozial Richtige» im Einzelfall ist nicht verbindlich vorgeformt, es kann nur ein Ergebnis der schöpferischen Bemühung von bestimmten Menschen sein. Mit Recht ist von einer den bekannten Kanon der Künste ergänzenden neuen Kunst zu sprechen, eben der *sozialen Kunst,* die eine große Vielfalt von in sich stimmigen Schöpfungen hervorzubringen imstande ist.

VI

Nun soll das bisher Gewonnene auf den Lebensbereich Schule angewendet werden. Wir sehen sie als einen Ort, an dem Fähigkeiten sich bilden; aus Fähigkeiten von Lehrern wird an den Fähigkeiten von Kindern gearbeitet, und natürlich sind dabei auch die Fähigkeiten der Eltern in vielfältiger Weise mit im Spiel. Wir müssen dann weiter die Auffassung gewinnen, daß das am besten geschehen kann, wenn die Selbstverantwortlichkeit der Tätigen gewährleistet ist, wenn also ein frei schaffender Lehrer in diesem Sinne etwas veranlagen kann, was dann später die Möglichkeit zur freien Initiative seinerseits enthält. Wer nur als ein Beauftragter und an Vorschriften Gebundener unterrichten würde, wird es schwer haben, junge Menschen mit einem ausreichenden und überzeugenden Freiheitselement zu begaben. Alle Einrichtungen in der Waldorfschule sind in der Tat nach diesen Gedanken konzipiert; was wir kollegiale Selbstverwaltung nennen, versucht – recht und schlecht – diese Bildgesetze zu praktizieren. Wir haben die «Schule ohne Direktor». Die gleichwohl nötige Führung der Schule ruft nach einer *republikanischen* Ordnung; d. h. nach auf Zeit und für bestimmte Sachgebiete eingesetzten Bevollmächtigten, deren «Regiment» für die Zeit ihrer Verantwortlichkeit zu akzeptieren ist. Wir bemühen uns dabei, einen hier unangemessenen Stil (der im Rechtsleben dagegen als demokratisches Mehrheitsprinzip unverzichtbar ist!) zu verhindern – über Fragen der Pädagogik kann nicht abgestimmt werden. Man muß unter Achtung der individuellen Freiheit des einzelnen im Wege der Beratung und einer schließlichen Einmütigkeit («produktive Resignation» ist dabei eine zu pflegende Tugend!) zu Entscheidungen und sinnvollen Handlungen kommen.

Zugleich sehen wir die Schule als ein Wirtschaftsunternehmen und zwar als einen Dienstleistungsbetrieb, der aber so arbeitet,

21

daß er keine unmittelbar verwertbare «Ware» herstellt; er arbeitet vielmehr an künftigen Werten, eben an Fähigkeiten, aus denen heraus andere Menschen später etwas in den sozialen Organismus Werte schaffend einbringen. Dieser wirtschaftliche Aspekt ruft nach einer Leistungsfähigkeit und zuverlässige Finanzgebarung verbürgenden Betriebsstruktur. Im Vorstand des Schulvereins einer Waldorfschule, der wesentlich für die Finanzfragen (in sorgfältiger Abstimmung mit den Bedürfnissen des Lehrerkollegiums) zuständig ist, werden sich die Sachkundigen aus Eltern- und Lehrerschaft zusammenfinden. Der Begriff der Sachkunde bezieht sich hier auch auf die Vertrautheit mit dem, was für die «Produktion» im Bereich der Fähigkeitsentwicklung an Lebensbedingungen erforderlich ist. Wir finden in der Tat Elemente eines assoziativen Zusammenwirkens aller an «Schule» Beteiligten, der Lehrer, der Eltern und im weiteren Sinn natürlich auch der Schüler, um die es schließlich primär geht. Die Waldorfschule gehört als «Produktionsstätte» mit ihren Gebäuden keiner Einzelperson, sondern dem Schulverein als der Rechtsform, in der alle verantwortlich Beteiligten zusammengeschlossen sind. Die Einkommensordnung für die Lehrer und weiteren Mitarbeiter geht nicht vom Prinzip «Bezahlung für entsprechende Leistung» aus, sondern von dem einer angemessenen Unterhaltsdeckung für alle Tätigen.

Der rechtliche Aspekt, unter dem wir Schule betrachten, bezieht sich auf die Art des Zusammenwirkens von Lehrern und Eltern in der Schule, die wir in den nachfolgenden Kapiteln noch näher untersuchen werden. Zwar haben wir den vom Vertrauen der Eltern getragenen Erziehungsauftrag an die Lehrer, und weiter haben wir aus den Prinzipien des Geisteslebens die Autonomie, d. h. die Selbstverwaltung des Lehrerkollegiums. Aber darüber hinaus ist Schule auch ein Zusammenwirken von mündigen Menschen, die sich bestimmte Ordnungen, bestimmte Satzungen geben, die sich informieren, die miteinander sprechen müssen. Es ist hier das Rechtselement der größeren Schulgemeinschaft, des Schulvereins, angesprochen, mehr aber noch der innere Raum, in dem Recht in uns entsteht. Es ist die Frage, wie man miteinander umgeht. Und das ist ja nicht immer ganz unproblematisch. Es gibt Kompetenzgerangel und eine gewisse Tendenz zum Ideologisieren. Das Geistesleben hat leicht aus der subjektiven Natur des

Menschen eine Neigung zum Dogmatischen. Es gibt auch bestimmte Empfindlichkeiten aller Unterrichtenden, das gilt genauso für alle Eltern, die in bezug auf den Familienzusammenhang ebenfalls Pädagogen sind. Lehrersein ist ein schwerer Beruf; vor einem Lebendigen zu stehen und damit immer umzugehen, immer sich zu exponieren, im Entäußern eigener Fähigkeiten sehr weit aus sich herauszugehen, das schafft Verletzlichkeiten bei jedem Erziehenden. Wir müssen darum ringen, hier Formen zu finden, miteinander zu sprechen und nicht unfreundlich nebeneinander herzuleben oder sich bevormunden zu wollen. Es ist ein sozialer Übungsweg, den wir von der Rechtsseite her in der Schulgemeinschaft miteinander gehen müssen.

Es gibt aber noch den Aspekt des Rechtslebens, wie sich Schule im heutigen Staat in die allgemeine Rechtsordnung hineinstellt. Wir finden in unserer Verfassung ein Grundrecht auf Bildung. D. h. wir müssen im staatlichen Zusammenhang die Verhältnisse so ordnen, daß jeder die Möglichkeit erhält, sich bilden zu können. Wenn wir auf die Regelung des Schulwesens in unserem Staat blicken, so sehen wir, daß aus dem kulturgeschichtlichen Prozeß heraus der Staat das Schulwesen weitgehend in seine Regie genommen hat. Das war gewiß historisch gesehen berechtigt, heute aber ist eine weitere Entwicklungsstufe fällig, die Schule muß (zumindest schrittweise) der Verantwortlichkeit der Unterrichtenden übertragen werden. Es spricht für unsere Rechtsordnung, daß wir durch Art. 7 Abs. 4 des Grundgesetzes wenigstens *die Möglichkeit* zur Errichtung von Schulen in freier Trägerschaft haben.

Wie ist es mit der Finanzierung von Schulen? Indem der Staat für die von ihm verwalteten Schulen Schulgeldfreiheit eingeführt hat, hat er nun auch gewisse Grundprinzipien des Wirtschaftslebens aus dem schulischen Vorgang herausgedrängt. Es kann aus dem Gesichtspunkt der Realisierung des Rechts auf Bildung für jedermann niemals Aufgabe des Staates sein, eine allgemeine Schulgeldfreiheit einzuführen. Vielmehr hätte der Staat treuhänderisch dafür zu sorgen, daß jedermann ein entsprechendes Einkommen hat, um sich die «Ware» Bildung für seine Kinder auch leisten zu können.

Es ist einzuräumen, daß zumindest für den Sektor der Schulen in freier Trägerschaft in der Bundesrepublik Rechtsformen entwickelt sind, die wenigstens einen Ansatz zur wesensgemäßen Regelung enthalten. Das Bundesverwaltungsgericht hat Ende der 60er Jahre festgestellt, daß der Staat, der hohe Summen aus allgemeinen Steuergeldern für «seine» Schulen aufwendet, unter dem Gesichtspunkt der Chancengleichheit im sozialen Rechtsstaat auch den freien Schulträgern angemessene Zuschüsse zu gewähren hat. Hier wäre ein gravierender Schritt weiterzugehen: daß nämlich diese Gelder, die ohne pädagogische Bedingungen, meist aber bezogen auf die Anzahl der die betreffenden Schulen besuchenden Schüler gewährt werden, nicht mehr den Schulträgern gegeben würden, sondern den Eltern. In der Hand der einzelnen Eltern würde ein solcher «Bildungsgutschein» (der in der Rechtsliteratur auch im Gespräch ist) die Möglichkeit geben, frei die Schule wählen zu können. Das wäre eine essentielle Annäherung an die Anregung Rudolf Steiners, den Eltern entsprechend der Anzahl ihrer Kinder ein «Erziehungseinkommen» zu gewähren[7].

Daß heute (unbeschadet nennenswerter staatlicher Zahlungen) die Waldorfschulen in der Bundesrepublik nur existieren können, weil eine engagierte Elternschaft bereit ist, ein zumeist hohes Schulgeld unter deutlichen Anstrengungen zu zahlen, sei hier ausdrücklich vermerkt. Daran ist im Kern insoweit etwas Richtiges, als es den gesunden Interessenzusammenhang zwischen Elternhaus und Schule zum Ausdruck bringt. Es muß nur gleichzeitig gewährleistet bleiben, daß die Schulen auch unvermögenden Eltern voll zugänglich sind.

So können wir das Wesen und die Aufgabe von Schule schlechthin aus den sozialen Grundelementen, aus den großen sozialen Gesten heraus entwickeln. Die Waldorfschule kann aus ihrem historischen Ursprung verstanden werden, sie kann ebenso als eine pädagogische und soziale Forderung der Gegenwart aus den Ideen der sozialen Dreigliederung abgeleitet werden.

7 Siehe hierzu Kap. 6, Abschnitt III.

24

Von der Mitwirkung der Eltern an Waldorfschulen

I

Dieses Thema beschäftigt alle an der Existenz der Waldorfschule Beteiligten seit ihrer Gründung 1919 – es ist von Generation zu Generation, ja von Jahrgangsstufe zu Jahrgangsstufe aktuell. Man kann sogar sagen, es wird, je weiter man sich von dem großen Ereignis des ersten In-Erscheinung-Tretens dieser Schule entfernt, immer aktueller. Einmal gegebene Antworten – und es gibt seit Rudolf Steiners impulsierenden Ansprachen in der Waldorfschule eine breite Literatur dazu[1] – sind außerordentlich aufschlußreich und hilfreich, die Fragen aber werden vom pulsenden Leben in sich wandelnden sozialen Verhältnissen immer neu gestellt und wollen auch immer neu und eigen beantwortet werden. Gerade das kann als ein ganz besonderes Merkmal der Pädagogik Rudolf

---

1 Hier sei stellvertretend für vieles genannt:
«Rudolf Steiner in der Waldorfschule – Ansprachen für Kinder, Eltern und Lehrer»; GA 298, Dornach 1980.
Sonderheft der «Erziehungskunst» Nr. 8/9 – 1963: Eltern und Lehrer im Bund für eine neue Erziehungskunst; mit Beiträgen zur Elternmitarbeit u. a. von Ernst Weißert, Wilhelm Rauthe, Manfred Leist und Reinhold Kopke.
Stefan Leber: Die Sozialgestalt der Waldorfschule. Völlig überarbeitete Neuausgabe (1984); Fischer Taschenbuch Verlag Nr. 1280 (Reihe Perspektiven der Anthroposophie). Dort grundlegende Ausführungen über die inneren und äußeren Funktionen und Strukturen dieser Schule; siehe z. B. Abschnitt IV: Die Elternschaft in der Schule.
Benediktus Hardorp: Schule als gestalteter gesellschaftlicher Prozeß, in «Aus dem Leben des (Mannheimer) Schulvereins», Heft vom März 1973.
Eine materialreiche Darstellung über die Entwicklung im Schulwesen überhaupt gibt Heinz Kloss: Lehrer, Eltern, Schulgemeinden. Der Gedanke der genossenschaftlichen Selbstverwaltung im Schulwesen. Hildesheim, 2. Aufl. 1981.

Steiners (und von all dem, was zu ihrem Lebensumkreis gehört) erkannt werden: Nicht die Überlieferung, auch nicht die These kann in unmittelbarer Anwendung Richtschnur des Handelns sein – vielmehr nur das, was im ständigen Umgang, im oft schwierigen Ringen mit den Umständen, d. h. den Bedingungen des jeweiligen sozialen Umfeldes sich als *selbst erarbeitete* Antwort ergibt. Was hier nun über das Thema «Elternmitwirkung» geschrieben wird, versteht sich daher auch nicht als eine verbindliche Antwort auf vom Lebenszusammenhang gestellte Fragen, sondern mehr als ein Bericht aus den konkreten Erfahrungen in der deutschen Schulbewegung in Form von Bemerkungen zu bestimmten Teilgebieten, viele neue Fragen enthaltend.

Eines aber sei hier vorab als entschiedenes Bekenntnis geäußert: die Überzeugung, daß die Waldorfschulbewegung in ihrem intensiven Größenwachstum in einer vielfältig schwerer werdenden Zeit sich nur dann wird behaupten und fruchtbar weiterentwickeln können, wenn alle an ihr Beteiligten noch mehr, noch gegenseitig verständnisvoller zusammenarbeiten, als sie es gewiß ohnehin schon zu tun sich bemühen; wenn Eltern, Lehrer und (ältere) Schüler sich über die von außen und innen wirkenden Trägheiten mit immer neuer Begeisterung erheben und sich als Kämpfer für ein gemeinsam zu praktizierendes und zu verantwortendes freies Geistesleben verstehen.

II

Die Eltern haben die Pflicht und das Recht, ihre Kinder zu erziehen. Das ist eine Selbstverständlichkeit aus der durch das Schicksal gegebenen Situation zwischen Kindern und Eltern, sie hat auch ihre klare Bekundung in der Rechtsordnung gefunden. Wir denken etwa an den Artikel 6 Abs. 2 unserer Verfassung («Grundgesetz»). Zur Erziehung, die also zunächst Aufgabe der Eltern ist, benötigen diese aber eine gewisse Hilfe, da sie aus den verschiedensten Gründen (eigene berufliche Tätigkeit, mangelnde entsprechende Ausbildung usw.) überwiegend nicht in der Lage sind, die Erziehung über das Kleinkindalter hinaus allein ausreichend durchzuführen. So ist *Schule* die Institution, die sich die Gesellschaft geschaffen hat, um das Recht der Kinder, erzogen zu werden, zu realisieren.

Wir wollen hier nicht der Frage nachgehen, in welchem Umfang eine vom Staat zu überwachende und durchzusetzende Schulpflicht überhaupt berechtigt ist. Es sei immerhin angemerkt, daß in einigen Staaten mit überzeugender demokratischer Grundordnung und Tradition (wie z. B. den Niederlanden) keine *Schul*pflicht, sondern nur eine *Erziehungs*pflicht der Eltern gegenüber ihren Kindern gesetzlich festgelegt ist. D. h. Eltern, die den Nachweis erbringen, die erforderliche Erziehung selbst oder durch andere, sozusagen privat (etwa durch Hauslehrer) durchführen zu können, werden dort nicht gezwungen, ihre Kinder in einem bestimmten Alter einzuschulen. Sei dem wie auch immer, ob Schule also als verordnete Pflicht oder als frei von Eltern gewählte Institution vorhanden ist, – für die Mehrzahl aller Kinder wird schulische Erziehung heute ein wesentlich gestaltender Faktor ihrer Biographie sein.

Das bedingt nun ein Grundverhältnis nicht nur der Kinder und Jugendlichen den Lehrern gegenüber (diese Beziehung zu untersuchen, ist nicht Aufgabe dieser Betrachtung), sondern es begründet auch ein solches zwischen Eltern und Lehrern. Ohne *Vertrauen* in den Lehrer können – wohlverstanden – Eltern ihre Kinder diesem nicht überlassen, und ebenso kann der Lehrer seine Erziehungstätigkeit nur dann sinnvoll ausüben, wenn ihm dieses Vertrauen entgegengebracht wird und er seinerseits Vertrauen gegenüber den Eltern aufbringt. Die Bedeutung des Vertrauens als einer notwendigen Grundlage für den pädagogischen Prozeß in der Schule verstärkt sich naturgemäß in seinem Gewicht dort, wo die Rechtsordnung die freie Schulwahl ermöglicht. Bei der Veranstaltung einer obrigkeitlich verwalteten Schule, mit verbindlichen Distriktschulen etwa, nivelliert sich die Bedeutung des Vertrauens häufig. Im Grunde müßte die Beziehung zwischen Eltern und Lehrern dort die gleiche sein und ist es im besseren Falle auch; vielfach jedoch herrscht Gedankenlosigkeit vor, bzw. die Eltern vertrauen schlicht dem Staat, daß er schon die richtigen Lehrer für die Kinder aussuchen werde. Und oft bedeutet den Lehrern das Vertrauen, das ihre Obrigkeit ihnen gegenüber hat, mehr als das der ihnen z. T. wenig bekannten Eltern. Wo aber Eltern individuell gestalteten Gebrauch von ihrem Erziehungsrecht zu machen wünschen, wird der Ruf nach einem freien Schulwesen laut. Und hier tritt nun das geschilderte Grundverhältnis von Vertrauengeben und Vertrauennehmen zwischen Eltern und Lehrer in seiner reinen Form auf.

So war diese Frage nach dem Vertrauen zwischen Eltern und Lehrern von Anfang an ein wesentliches konstitutives Element der Waldorfschule. Wird erzieherischer Prozeß als typischer Vorgang eines freien Geisteslebens (im Sinne der sozialen Dreigliederung) verstanden, so ist deutlich, daß es dabei auf die Betätigung der schöpferischen Fähigkeiten des Erziehenden wesentlich ankommt, da nur so das «Gegenstück» – die Entfaltung der Begabungen des Kindes – sich einstellen kann. Mit Recht bezeichnet sich die Waldorfpädagogik als «Erziehungskunst», sie bemüht sich jedenfalls darum, wirklich originär künstlerischer Prozeß zu sein. Bejahen nun die Eltern den Lehrer in dieser freien Entfaltung seiner individuell-schaffenden Kräfte, so ist unmittelbar deutlich, daß es einen Eingriff in die pädagogische Betätigung in der Schulstube von außen nicht geben kann. Ein Künstler, dem man einen Auftrag erteilt, kann sein Bestes auch nur dann geben, wenn er ihn – gewiß im Rahmen des erteilten Auftrags – nach seinen eigenen Intentionen ausführt; d. h. er bedarf wesentlich des Vertrauens.

So einleuchtend und von der Sache her überzeugend die entscheidende Bedeutung des Vertrauens für das Geschehen Schule auch ist, es kann niemals befriedigen, wollte man diese gewiß ganz unerläßliche Basis als erschöpfende Beschreibung der Beziehung zwischen Eltern und Lehrern verstehen. Vor allem dann nicht, wenn man dabei das besondere Gewicht der Seite des Verhältnisses berücksichtigt, bei der die Eltern die Vertrauensgeber und die Lehrer die Vertrauensnehmer sind. Die von der Erfahrung ausgehende Beschreibung des Gesamtzusammenhanges Schule (als freie Schule) führt schnell dahin zu sehen, daß das primäre Geschehen in der Schulstube allein noch nicht die ganze Wirklichkeit ist. Auch die Hinzunahme des Blickes auf die «Verfassung» des eine Schule tragenden Lehrerkollegiums (Formen der kollegialen Selbstverwaltung) erfüllt den Begriff Schule keinesfalls völlig. Es geht um die Anschauung der größeren Schulgemeinschaft. Der Anteil der Eltern hieran kann – konsequent betrachtet – nicht allein darin bestehen, daß sie diese bestimmte Schule einmal gewollt und gewählt haben und sie dann gleichsam in der Sonne ihres Vertrauens in sich selbst bestehen lassen – allenfalls durch die laufende Bezahlung eines Schulbeitrages oder auch durch beträchtliche Bauspenden den Fortbestand dieser wärmenden Kraft von außen dokumentierend. Wir verstehen, daß der Wille der Eltern, freie Schule zu realisieren, weiteres fordert. Es entspräche den Möglichkeiten individueller Gestaltung im Zeichen einer nicht nur intellektuellen, sondern auch rechtlichen Mündigkeit des Menschen nicht, wenn Eltern in einer überwiegend passiven Stellung verbleiben würden. Gewiß sind, recht verstanden, das Gewähren von Vertrauen und auch der Einsatz im Finanziellen alles andere als bloße Passivität. Vielmehr ist gerade das Erbringen des hier geforderten Vertrauens ein Prozeß dauernder, Resignation überwindender innerer Aufhellung, wenn es sich aus der Ebene einer rein persönlichen Sympathie oder eines weltanschaulich gefärbten Gemeinschaftsgefühls erhebt oder es erst ganz neu begründet werden muß. Gleichwohl, wir fragen nach den Ansätzen und Feldern, wo Eltern in noch anderer Weise in der Schule Mithandelnde sind.

III

Unter den vielen möglichen Gesichtspunkten, unter denen Schule angeschaut werden kann, gibt es zwei zentrale, die sich bei einseitiger Betrachtung zu widersprechen scheinen. Sieht man Schule von da her, daß sie eine von einer größeren Menschengruppe gemeinsam gewollte und getragene Unternehmung ist, so hat man es mit einem Gesamtbegriff Schule zu tun, den man auch als «Schulgemeinde» bezeichnen kann. Man wird dann notwendigerweise die Gemeinsamkeit der Eltern und Lehrer betonen. Alle wollen die Schule und setzen sich im Rahmen ihrer Kräfte mit Entschiedenheit für sie ein. Von dieser Willensrichtung und zusammen erbrachten Leistung her haben alle – gewiß mit mancherlei individuellen und sachbedingten Unterschieden – im Prinzip den gleichen Anspruch, die Verantwortung für das Ganze mitzutragen und an den erforderlichen Beratungen und Beschlüssen (eventuell durch Vertreter) mitzuwirken.

Anders stellt sich die Sache dar, wenn man Schule in einem spezielleren Sinn beschreibt, eben als den Ort des unmittelbaren Unterrichtsgeschehens. Hier sehen wir den Lehrer in seiner Tätigkeit im Rahmen einer bestimmten Aufgabe. Der Beruf des Lehrers folgt Eigengesetzlichkeiten, er bedingt gewisse Formen, die gewahrt sein müssen, wenn die Tätigkeit zweckentsprechend sich entfalten soll. Schließlich ist ja die Unterrichtserteilung und der Erfolg dieser Bemühung die eigentliche Leistung, die das Unternehmen Schule – im Gegensatz etwa zu einer Fahrradfabrik – zu erbringen hat.

So gibt es unbestritten einen Bereich, in dem allein der einzelne Lehrer (oder die Gemeinschaft der Lehrer, das Kollegium) seine Handlung verantworten muß. Die pädagogische Leistung kann um so wirkungsvoller erbracht werden, um so weniger sie durch Verordnungen oder Normen von außen bestimmt wird, sie bedarf also eines Freiheitsraumes, d. h. praktisch der Selbstbestimmung und Selbstverwaltung. Hieraus ergibt sich, daß die Eltern ebensowenig in den Schulunterricht ordnend oder verordnend eingreifen können, wie das auch einer staatlichen Behörde im Grunde nicht zustehen kann. So wie es ja andererseits auch dem Lehrer nicht zukommt, der häuslichen Erziehung – über Ratschläge hinaus – Auflagen zu erteilen.

Zu diesem Bereich der Lehrerselbstverwaltung gehören nicht nur die allgemeinen und besonderen pädagogischen Maßnahmen, sondern auch bestimmte Vorgänge von erheblichem sozialem Gewicht: Die Aufnahme und das Sich-Trennen von Schülern und ferner die Zu- und Abwahl von Kollegen. Hier treten jedoch sogleich gewisse Fragen auf[2]. Denken wir uns einen Lehrer, der seine Klasse aus (sagen wir: guten) Gründen nicht über eine bestimmte Schülerzahl vergrößern will, eine Schülerzahl etwa, die deutlich unter der sonst an einer Waldorfschule üblichen Größenordnung liegt. Auch der umgekehrte Fall ist denkbar, daß ein Lehrer durch immer neue Aufnahmen von z. T. vielleicht sehr schwer lenkbaren Kindern die Klassenstärke außerordentlich erhöht. Diese Tatbestände zu beurteilen, obliegt dem Rat der

2 Die Themenstellung dieses Abschnitts (III) ist auch im II. Abschnitt des 4. Kapitels unter Einbezug weiterer Aspekte behandelt.

Lehrer, also dem Kollegium. Wie die betreffende Frage dort gelöst wird, ist theoretisch nicht festzulegen, es ergibt sich aus den konkreten Umständen und aus den geschriebenen oder ungeschriebenen «Gesetzen» der (jeweiligen) Kollegialverfassung. Selbstverständlich kann der einzelne Lehrer bei aller Achtung vor der individuellen Freiheit nicht willkürlich handeln, es gibt objektive Belange für eine Schule, für die – im hier vorgestellten Fall – etwa eine Aufnahmekommission verantwortlich tätig ist; schließlich gibt es die sogenannte Interne Konferenz (als eigentliche Schulleitung), die verbindliche Entscheidungen herbeiführen muß.

Die Schwierigkeit, im Rahmen der kollegialen Selbstverwaltung zu Entscheidungen zu kommen, ist deutlich. Es gibt weder die Anordnung eines Schulleiters, noch das bequeme Korrektiv einer Mehrheitsentscheidung. Es muß im gemeinsamen Abwägen aller Umstände ein angemessener Weg gefunden werden, der durch eine einmütige Entscheidung abzudecken ist; das setzt, sei es bei dem einzelnen, sei es bei der Gemeinschaft, deutlich auch Verzichte auf das Durchsetzen eigener Wünsche und Überzeugungen voraus, es ist «produktive Resignation» zu üben.

Und die Stimme der Elternschaft? Können in ihrem Kind betroffene Eltern eine Instanz im Ganzen der Schule anrufen, die eine Revision einer Entscheidung des Kollegiums verlangen dürfte? Oder die ein anhaltend nicht eingreifendes, also nicht entscheidendes Kollegium zu einer Entscheidung «zwingen» könnte? Sollte hier der Vorstand des Schulträgers oder ein anderes zu schaffendes Organ angesprochen sein? Diese Frage ist m. E. deutlich zu verneinen. Das Lehrerkollegium darf in diesem Bereich keiner Fremdbestimmung ausgesetzt sein. Das leuchtet einerseits von den Bedingungen des (sich in Richtung «Freiheit» bewegenden) Geisteslebens her gesehen ein, befriedigt aber dann natürlich wenig, wenn wirklich einmal die Dinge «nicht gut funktionieren»; und das kommt schon – besonders im Falle des Nicht-Handelns – gelegentlich vor. Die kollegiale Selbstverwaltung ist an dieser Stelle aus mancherlei Gründen nicht ungefährdet, wie etwa Unklarheit über Kompetenzen oder mangelndem Mut im Angehen von Mißständen, da man die Konfrontation mit Kollegen scheut, aus falscher Rücksichtnahme auf Freunde usw.

Die mögliche Antwort scheint nur in dieser Richtung liegen zu

31

können: Wenn ein Lehrerkollegium anhaltend die nötige Handlungs- und Entscheidungskraft (auch gegen ein eigenes Mitglied) nicht aufbringt, so ist der Typus «Freie Schule» nicht (mehr) erfüllt. Soll man aber nun Kontrollinstanzen schon vorher verbindlich einbauen für den (gedachten) Fall möglichen Versagens? Das widerspräche wohl ebenfalls dem Begriff der freien Schule. Diese ist ein Versuch, ein dauerndes Wagnis, sie ist in gewissem Sinne ein «Drahtseilakt ohne Netz» – ein Weg, der die Möglichkeit des Irrtums und Fehlers mit einschließt. Dennoch darf der Kraft der Ideen, der positiven Wirkung der im Konferenzgespräch sich äußernden Argumente der Vernunft (die sich auch als Rat erfahrener Freunde einbringen können) vertraut werden, aus ihnen wird immer erneut das erforderliche Korrektiv erwachsen.

Denkbar wäre aber das Schaffen eines Vertrauensgremiums, dem auch Eltern angehören würden und dem entsprechende Sorgen oder Fragen vorzulegen wären. Ein solches Gremium könnte dann aber doch keine weitere Kompetenz erhalten als eben die, in ein Gespräch mit dem Kollegium einzutreten, um eine Überprüfung der letztlich vom Kollegium selbst zu verantwortenden Entscheidung (oder ein Tun) anzuregen[3]. Aber auch ohne Institutionalisierung bahnt sich «das Leben» in einer Schulgemeinde, wenn auch oft unter großen Schwierigkeiten, entsprechende Wege. Und es gehört dann entschieden zum Wesen einer freien Schule, daß in solchem Falle nicht kleinlich auf Kompetenzen gepocht wird. Mut zum offenen Sich-Aussprechen und Sich-Exponieren – gegebenenfalls auch zum Sich-Korrigieren-Lassen – gehört dazu wie auf der anderen Seite Beweglichkeit im Erkennen von «Situationen» und das Überwinden von «Ehrpusseligkeit» und Empfindlichkeit.

Schwierig stellt sich die Frage der Verweisung eines Schülers dar; nur in Ausnahmefällen sollte zu diesem Mittel gegriffen werden. Darüber Näheres auszumachen, bedürfte einer eingehenden pädagogischen Darstellung. Hier sei nur ein begrenzter Aspekt angesprochen. Abgesehen davon, daß die Formen (betr. die Rechtswirksamkeit einer Kündigung des Schulvertrages) sorgfältig einzuhalten sind, wäre das Lehrerkollegium gut beraten, wenn es vor dem Fällen einer Entscheidung mit Vertretern der Eltern-

3 Eingehender hierzu insbesondere Kapitel 5, Seite 76 ff.

schaft, etwa aus dem Schulvereinsvorstand, Fühlung nehmen würde. Auf den Rat von lebenserfahrenen Freunden sollte nicht verzichtet werden, da sich bei solchen Abmeldungen häufig schwierige Konsequenzen für das betroffene Elternhaus ergeben.

Entsprechendes gilt für die Zu- und Abwahl von pädagogischen Mitarbeitern durch das Kollegium. Auch hier kann im Prinzip das Recht der Lehrer auf Selbstbestimmung nicht eingeschränkt werden; es bleibt jedoch bei der gewichtigen Empfehlung, daß man in gravierenden Fällen nicht auf eine Konsultation erfahrener Vertreter der Elternschaft verzichten sollte. Manches Kollegium hätte sich gewiß große Umwege erspart, wenn es vor seinen Entscheidungen solchen Rat eingeholt hätte.

Gewiß gibt es nun aber Fragen mehr allgemeiner Art, die einerseits zwar dem pädagogischen Bereich zugehören, andererseits jedoch deutlich die Belange der gesamten Schulgemeinschaft und damit speziell der Elternschaft tangieren. Hier kann es sich sowohl um mehr organisatorische Dinge handeln, wie etwa um den morgendlichen Beginn des Unterrichts (was u. a. Verkehrs- und andere soziale Probleme berührt), als auch um mehr inhaltliche, etwa die Einführung von Russisch als verbindliche Fremdsprache, unter Umständen bei Fortfall des Französischen. Hier sind elementare Elternrechte betroffen. Die Eltern haben – was den Fremdsprachenunterricht betrifft – eine bestimmte Schulgestalt gewählt, und sie müssen in den Prozeß der Fortentwicklung dieser Schulgestalt angemessen mit einbezogen werden. Es ist also eine Selbstverständlichkeit, hier eine Elternschaft nicht schlicht vor vollzogene Entscheidungen zu stellen. In solchen Fällen kann eine verbindliche Entscheidung überhaupt nur durch übereinstimmenden Beschluß der betreffenden Gremien, Kollegium, Schulvereinsvorstand und Elternvertrauenskreis oder sogar Mitgliederversammlung, erfolgen.

So kann man an dem einen oder anderen Beispiel – wie im Vorangegangenen geschehen – untersuchen, wo jeweils der Schwerpunkt der Verantwortlichkeit liegt, ob mehr auf der Lehrerseite oder mehr auf einer größeren und weitere Beteiligte betreffenden Ebene. Und wenn man das nicht nur theoretisch erörtert, sondern selbst in der praktischen Betätigung im Schulzusammenhang steht und von konkreten Erfahrungen ausgeht, dann gewinnt man bald ein Gespür dafür, daß bei sachlicher Betrachtungsweise jeder nur denkbare Vorgang seinen individuellen Ort hat, an dem Beratung und Entscheidung sinnvollerweise stattfinden kann. Ob es sich um eine große Klassenfahrt mit Kostenfolgen und Aufsichtsproblemen handelt oder um den Zeitpunkt des Unterrichtsbeginnes am Morgen oder um den Nachmittagsunterricht; ob es um Baufragen (Gestaltung und Finanzierung) geht oder ob gar tief eingreifende Fragen einer differenzierten Gestaltung der Oberstufe (Hereinnahme von spezieller Berufsausbildung) anliegen; oder ob pädagogische Probleme (etwa ein Kind betreffend) berührt sind – oder was immer da an Fragestellungen auftauchen kann: es läßt sich bei einigem Nachdenken doch verhältnismäßig leicht feststellen, wer durch den betreffenden Vorgang primär angesprochen ist. Und daraus ergibt sich der soziale Ort, wo, von wem und in welcher zeitlichen Reihenfolge, ob im Kollegium, im Schulvereinsvorstand, im Elternvertrauenskreis, ob zwischen einzelnen (Elternhaus und Lehrer etwa) oder wo immer zu beraten, zu informieren, zu entscheiden ist.

Ich sehe hier bewußt davon ab, einen Themenkatalog von Zuordnungen vorzulegen – die schöpferische Phantasie der jeweils Beteiligten wird sich die treffenden Ordnungen zu geben wissen; die eigenen Erfahrungen können und sollen niemandem abgenommen werden, das gehört zur Fruchtbarkeit sozialer Prozesse. Daß man sich im Rahmen solcher Vorgänge als vernunftbegabter Mensch auch von erfahrenen Freunden beraten lassen kann, ohne seine Eigenständigkeit dabei aufzugeben, kommt hinzu. Falscher Stolz paßt am allerwenigsten in solche Lebensbezüge. Wer sich mit dem Prinzip der erforderlichen Selbst- und Mitverantwortlichkeit des produktiv Tätigen innerlich zu durchdringen weiß – freilich nicht eng, dogmatisch, sondern flexibel und weitgefaßt verstanden –, der verfügt über einen sicheren Kompaß, in den leichten Brisen oder auch einmal Stürmen der sozialen See den rechten Kurs zu halten.

Es braucht nicht befürchtet zu werden, daß ein Kollegium für seine ernsthaft begründeten Wünsche und Vorschläge keine volle Resonanz in der Elternschaft finden würde, wenn nur das anstehende Problem rechtzeitig in eine offene Beratung hineingenommen wird. Es ist ohnehin eine allgemeine soziale Erfahrung, daß der weit überwiegende Teil aller im Gemeinschaftsleben auftretenden Schwierigkeiten darauf beruht, daß nicht rechtzeitig und nicht offen genug informiert wurde und daß man den Mitbetroffenen nicht genug Gelegenheit gegeben hat, sich mit dem betreffenden Fragenkomplex auseinanderzusetzen. Hieraus ergeben sich nun in der Tat für eine Schulgemeinschaft ernste Forderungen nach langfristiger und gemeinsamer Planung.

Die Entwicklung in den meisten Waldorfschulen hat im Laufe der Jahre auch dazu geführt, daß dem Gedanken des Zusammenwirkens aller Beteiligten mehr Raum gegeben wird. Eine einseitig dualistische Auffassung – hier das Kollegium und dort der Schulverein – ist mehr und mehr zurückgetreten[4]. Regelmäßige gemeinsame Sitzungen zwischen Kollegium und Schulvereinsvorstand etwa im 4- oder 8-Wochen-Rhythmus werden vielerorts praktiziert. Auch die Teilnahme von Vertrauenspersönlichkeiten aus dem Kreis der ehrenamtlich tätigen Vorstandsmitglieder und der hauptamtlich tätigen Geschäftsführer an bestimmten Lehrerkonferenzen (oder Konferenzabschnitten) ist denkbar und wird in den unterschiedlichsten Formen durchgeführt. Das ist prinzipiell eine gesunde Entwicklung, absolute Forderungen im Einzelfall sind daraus aber nicht ableitbar. Zu beachten ist dabei eben, daß nur jede konkrete Schulgemeinschaft sich aus ihren individuellen Bedürfnissen heraus ihre eigene Ordnung geben kann. Das mag dann im einzelnen nicht unerheblich voneinander abweichen; gerade das ist ein Spezifikum des geistig-sozialen Lebens, daß es hier keine vorgegebenen Normen gibt, daß vielmehr ein breites Spektrum von freiheitlichen Modellen legitim und möglich ist.

Es gibt gewiß auch Konferenzen, in denen die Lehrer bestimmte Themen – wie etwa Kinderbesprechungen oder Fragen, die ihr inneres Streben als Lehrer betreffen – in einem geschlossenen Kreis behandeln werden. Wo diese Voraussetzungen für die Kontinuität eines reinen Lehrergesprächs jedoch gewahrt sind, gibt es im übrigen keine Begrenzung der Möglichkeit eines kollegialen Zusammenwirkens von Lehrern und Nichtlehrern in gemeinsamen Konferenzen; vorausgesetzt, daß es sich bei den Nichtlehrern nicht um «Beobachter» handelt, sondern um Menschen, die durch ihr exi-

4 Näheres hierzu siehe Kapitel 4.

35

stentielles Hineingewobensein in die konkreten Aufgabenstellungen der Schule und des Schulvereins Mitträger dieser Schule sind und die zur Bewältigung ihrer Arbeit auch der Gemeinsamkeit mit den Lehrern und einer Orientierung an deren Tun bedürfen, was umgekehrt in gleicher Weise für die Lehrer gilt.

IV

An allen Waldorfschulen haben sich Elternbeiräte (auch Elternvertrauenskreis, Schulpflegschaft oder Eltern-Lehrer-Konferenz o. ä. genannt) bewährt[5]. Den neu gegründeten Schulen ist anzuraten, nicht zu lange mit der Einrichtung solcher Gremien zu warten. Es ist gesünder, wenn das nötige Organ der Elternmitwirkung von Anfang an aus der Sache heraus entsteht, als wenn es – etwa aufbrechend an irgendeiner echten oder vermeintlichen «Panne» – von verärgerten Eltern erst gefordert werden muß. Als Bildeprinzip hat sich dabei überwiegend Folgendes herausgestellt: Die Sitzungen der Vertrauenskreise stehen allen zur Mitarbeit bereiten Eltern und Lehrern offen, sofern sie sich zu einer regelmäßigen Teilnahme für etwa ein Jahr verpflichten. Auf diese Weise entsteht ein gesundes Arbeitsklima. Viele Schulen haben dabei auch das Prinzip der Vertretung der einzelnen Klassen durch von dort bestimmte Vertreter aufrechterhalten. Das ist aus mancherlei Gründen nicht nur wünschenswert, sondern auch erforderlich.

In allen Bundesländern bestehen gesetzliche Regelungen über die Elternvertretungen an den Staatsschulen. Es ist umstritten, ob diese Bestimmungen auch auf die Schulen in freier Trägerschaft anwendbar sind. Ganz sicher könnten sich die Waldorfschulen mit guten Gründen gegen eine formelle Übertragung dieser Bestimmungen auf sich wehren; diese Gründe sind dann um so gewichtiger, wenn entsprechend den gesetzlich gewährten besonderen Formen in der pädagogischen Organisation nun auch für diesen Bereich der Waldorfschule angemessene Formen vorhanden sind. Aber es ist auch dort, wo eine Anwendung der staatlichen Bestim-

5 Funktion und Arbeitsweise des Elternbeirats ist behandelt im folgenden Kapitel 3.

36

mungen auf die Waldorfschulen nicht ins Auge gefaßt ist, eine Notwendigkeit, daß eine Elternmitwirkung offiziell eingerichtet wird. Es gibt allgemein gültige Rechtsgrundsätze im heutigen sozialen Rechtsstaat, nach denen den Eltern ein angemessenes Mitspracherecht innerhalb des Schulwesens zu gewähren ist. Wenn also Waldorfschulen von der Einführung von Elternbeiräten völlig absehen wollten, so liefen sie Gefahr, in die Schußlinie der öffentlichen Meinung zu geraten.

In dieser Sachlage braucht keine Fremdbestimmung von außen erblickt zu werden, da ja eine sinnvolle Mitsprache der Eltern innerhalb der Waldorfschule ein unveräußerliches eigenes Bildeprinzip ist. Die inhaltliche Ausgestaltung dieser Mitsprache durch den Elternvertrauenskreis kann ja ganz so erfolgen, wie es den eigenen Lebensbedingungen entspricht. Es wird sich dabei nicht um ein «Mitregieren» in Bereichen handeln, die anderen Zuständigkeiten (Kollegium, Vorstand, Mitgliederversammlung) unterliegen. (Das verlangt der Staat letztlich auch nicht für seine eigenen Elternvertretungen, man sehe sich diese Regelungen nur einmal genau an.) Nur sollten eben in jeder Schule entsprechende Handhabungen und Regelungen bestehen. Es ist zwar durchaus möglich (im Sinne einer Gesamtsatzung für die ganze Schulgemeinde), aber nicht unbedingt erforderlich, daß solche Bestimmungen auch in der Schulvereinssatzung verankert sind. Eine schriftliche Regelung des Zusammenhanges «Elternbeirat» sollte jedoch unbedingt erstellt werden, etwa als Protokoll einer Mitgliederversammlung oder einer Elternbeiratssitzung. Es kann sich hierbei um ganz schlichte Formulierungen von wenigen Sätzen handeln. – Wie die Vertreter der einzelnen Klassen nominiert werden, sollte man dabei auch dem Willen der jeweiligen Klassenelternschaft überlassen. Man sollte am besten weder eine ausdrückliche Wahl noch auch ein anderes Verfahren generell festlegen. Es kann genügen, wenn gesagt wird, daß jede Klasse ihre ein oder zwei Vertreter «bestimmt».

Die Hinweise auf die verschiedenen Formen und auch Inhalte der Zusammenarbeit zwischen Lehrern und Eltern scheinen nun aber zu ergeben, daß ein eigentliches Mitentscheidungsrecht für die Eltern eben doch nur in Fragen des Wirtschaftens besteht. Dort, wo es um die Beschaffung der nötigen Finanzmittel geht, um den großen Rahmen ihrer Verwendung, um die Baufragen in besonderer Weise, – überall dort geht es nicht ohne die Eltern. Hinzu kommt der Bereich der Rechtsvertretung der Schule und ihres Schulvereins nach außen. Bleibt es im pädagogischen Bereich, abgesehen von der Mitbestimmung in ganz allgemeinen und grundsätzlichen Fragen, schließlich dabei, daß die Eltern mehr die die Grundgedanken der Waldorfpädagogik Aufnehmenden, allenfalls die Mitberatenden sind?

Hierzu ist zunächst zu sagen, was schon hinsichtlich des Vertrauens festzustellen war, daß nämlich eine solche geistige Arbeit keinesfalls etwas Passives ist, vielmehr vollste innere Aktivität erfordert. Aber auch darüber hinaus wäre es ein gravierendes Mißverstehen, wollte man die Eltern allein auf die Themenkreise Finanzordnung, Organisation und Durchführung der Sommerfeste und Basare, vielleicht noch rechtliche Verhandlungen mit dem Staat usw. verweisen. Zwar wird, wer nun darin voll ausgelastet ist, etwa als verantwortliches Vorstandsmitglied, sich durchaus «gefordert» und auch geistig als Mittäter fühlen. Wie aber steht es mit der Mehrzahl der Eltern? Sind sie schließlich im Unternehmen Schule doch die mehr passive Seite?

Hier ist nun auf einen Zusammenhang, einen Tatbestand zu verweisen, der nicht immer deutlich genug gesehen wird. Die Waldorfschule wird geistig aus zwei Quellen gespeist; man kann auch sagen, sie hat zwei Motive für ihre Entstehung. Sie ist einmal der Ansatz zu einer Erneuerung der Pädagogik aus einem spirituellen Menschenbild heraus (Berufsaufgabe des Lehrers und entsprechender «Auftrag» der Eltern). Sie ist aber zugleich auch ein Sozial-Modell, eine Institution des (anzustrebenden) freien Geisteslebens. Die Waldorfschule entstand ja 1919 innerhalb der Dreigliederungsbewegung nach dem ersten Weltkrieg. Nach dem Scheitern dieses von Rudolf Steiner impulsierten, groß angelegten

Versuchs einer allgemeinen sozialen Erneuerung blieb die Waldorfschule bestehen als eine Art «Relikt», zugleich aber auch als ein Keim, aus dem heraus soziale Erneuerungskräfte wieder hervorgehen können. Die Schule mit ihren Formen der Zusammenarbeit verschiedener Menschengruppen, mit ihrer Selbstverwaltung ist seit 1919 eine voll funktionsfähige Organisationsform im Geistesleben, aus der der Impuls zur Realisierung der sozialen Dreigliederung immer neu entstehen will.

Wenn dieser Zusammenhang als Auftrag voll erkannt wird, so ist es Sache der Elternschaft, ihre Rolle in diesem Spiel der Kräfte zu ergreifen. Ihre besondere geistige Aufgabe ist nicht die, in die pädagogische Praxis der Schule über Gebühr hineinzureden; es geht vielmehr darum, ein Verständnis für die Ideen und die Wirklichkeit der Dreigliederung des sozialen Organismus zu gewinnen. Es wird dann deutlich werden, daß die Waldorfschule letzten Endes für ihre fruchtbare Entwicklung einer ständig fortschreitenden Umwandlung der gegenwärtigen sozialen Verhältnisse bedarf. Die Freiheit im geistigen Raum muß ausgeweitet werden, von hier aus müssen formende Impulse in die politischen Zusammenhänge und in das Wirtschaftsleben übergehen. Wollen die Eltern also ihrer Rolle im Rahmen der Waldorfschule, der sie doch für ihre Kinder Entscheidendes zu verdanken haben, wirklich gerecht werden, so müssen sie diesen bildungspolitischen Aspekt als ihre spezielle Aufgabe erkennen und ergreifen. Es ist hierbei aber keinesfalls damit getan, mit naiven Impulsen rasch darauf loszuhandeln. Zunächst einmal wird es erforderlich sein, sich sehr intensiv mit den Ideen zur sozialen Dreigliederung auseinanderzusetzen. So wie sich der Waldorflehrer sein besonderes Handwerkszeug geistig erarbeiten muß, ehe er die Waldorfpädagogik an Kindern praktizieren kann, so müssen auch die Eltern erst ihr geistiges Handwerkszeug gewinnen, um zweckentsprechend in das soziale Umfeld hineinhandeln zu können.

Es ist eine bedeutende Aufgabe, den Lebensumkreis einer Waldorfschule zu bilden und in den weiteren gesamtgesellschaftlichen Umkreis Schritt für Schritt verwandelnd einzuwirken. Es muß deutlich gesehen werden, daß ein sehr großer Teil der Waldorf-Elternschaft diese Aufgabe noch nicht klar genug erkannt, geschweige denn sie ernsthaft ergriffen hat. Gegenüber manchem gelegentlichen Elternwunsch, in der Waldorfschule stärker mitsprechen zu wollen, wäre auf diesen Zusammenhang, auf dieses gewaltige Arbeitsfeld zu verweisen. Wie wenig die gesamte Schulgemeinschaft – und das betrifft alle Beteiligten, selbstverständlich einschließlich der Lehrer – diesen (gewiß die vorhandenen Kräfte weit überfordernden) Auftrag bereits befriedigend hat aufgreifen können, zeigen die lähmenden sozialen Verhältnisse in unserer heutigen Gesellschaft[6].

VI

Die Waldorfschule ist eine Einrichtung innerhalb des Geisteslebens. Die Rechtsformen, in denen sich der Schulträger ausgestaltet (eingetragener Verein oder Genossenschaft), machen ihn nicht zu einer Gliederung des speziellen Rechtslebens (im Sinne der Dreigliederung des sozialen Organismus). Er gehört also funktionell nicht dem staatlich-politischen Leben an. Der Schulträger ist in seiner Ausformung ganz auf den Unternehmenszweck Schule als eines Vorganges im Geistesleben ausgerichtet. Daraus ergibt sich auch, daß die Waldorfschule mit ihrem Träger keinen unmittelbaren politischen Auftrag in dem Sinne hat, sich am *partei-politischen* Leben zu beteiligen[7]. Die Aufgabe der Schule ist, Pädagogik zu betreiben und darüber hinaus grundsätzliche *bildungs-politische* Gedanken und Empfindungen anzuregen und entsprechende

6 Daß die Waldorfschulbewegung aber ein geistiges Potential zur Verwandlung und Umgestaltung heutiger gesellschaftlicher Verhältnisse darstellt, zeigen z. B. die engagierten und von Eltern stark besuchten Großveranstaltungen nach dem Reaktorunfall in Tschernobyl.
   Auch an anderem zeigt sich, daß im Sinne eines sozialen Einsatzes über den eigenen Familienhorizont hinaus manches in der Tat bereits geleistet wird. Als Beispiel mag die Tätigkeit der Vereinigung der «Freunde der Erziehungskunst Rudolf Steiners e. V. Stuttgart» dienen. Durch das finanzielle Engagement zahlreicher deutscher Schuleltern ist es vermittels dieser Vereinigung möglich, vielen außereuropäischen Waldorfschulen bei der Bewältigung drängender Aufgaben und in akuten Notlagen zu helfen.
7 Näheres hierzu siehe Kapitel 7 und 8.

40

Handlungen zu impulsieren (Notwendigkeit der sozialen Dreigliederung). Schule und Schulverein als solche sind nicht Träger einer partikulären politischen Willensbildung. Das kann allein Aufgabe des einzelnen Menschen sein, der sich je nach seinen individuellen Neigungen und Erkenntnissen politisch betätigen wird in den dafür zur Verfügung stehenden oder von ihm zu begründenden Parteien oder entsprechenden Formationen.

Für diese urmenschliche Funktion, neue soziale Ideen und vor allem soziales Engagement in die gesamtgesellschaftlichen Verhältnisse hineinzutragen, kann der einzelne Mensch (als Schüler, als Elternteil, als Lehrer) Wesentliches in der Waldorfschule lernen. Der soziale Umgang miteinander, das funktionsgerechte Ergreifen der verschiedenen Aufgaben ist nicht immer leicht. Die wichtige staatsbürgerliche Tugend der Zivilcourage, d. h. des Mutes zur Wahrheit im menschlichen Verkehr, ist zu erüben. Jeder geistig produktive Vorgang zwischen Menschen ist in ein (quasi formales) Stimmungs-Medium eingebettet; es ist das «Wie», nach dem sich Menschen zueinander verhalten. Das ist zwar noch nicht Rechtsleben im Sinne des politischen und staatlichen Lebens, es ist aber doch der Bereich, in dem das Recht im Innerseelischen entsteht. Es geht darum, dem Mitmenschen sein Menschenrecht zu konzedieren und seine Würde zu achten.

Sozialen Geheimnissen kommt man hier auf die Spur, so etwa der außerordentlichen Bedeutung, die der rechtzeitigen und angemessenen Information im zwischenmenschlichen Bereich zukommt: Informationsbereitschaft als der intellektuale Pol des Rechtselementes. Und das Korrektiv für alles – z. B. *wie* ich die Wahrheit sage, damit sie den Mitmenschen am Leben läßt – ist das, was wir das Taktgefühl nennen, die «Wünschelrute des Herzens».

So ist die Waldorfschule als Lebensschauplatz ein bedeutender Sozialerziehungsfaktor für alle Beteiligten.

Der Elternbeirat

Über die Funktion von Elternvertrauenskreisen
an Freien Waldorfschulen

I

Es soll nicht von der Beschreibung einer bestimmten örtlichen Situation ausgegangen werden. Vielmehr sollen Fragen gestellt werden, die sich im Laufe der Zeit aus dem konkreten Geschehen heraus ergeben haben und die auf das möglicherweise Typische der Sache zielen.

Man kann mit einer mehr formalen Frage nach dem Wahlmodus der Vertreter für den Elternbeirat (auch Elternvertrauenskreis, Schulpflegschaft o. ä. genannt) beginnen. Sollen sie von den Klassenelternschaften in geheimer Zettelwahl gewählt oder – das Gegenextrem! – vom Klassenlehrer oder dem Lehrerkollegium bestimmt werden? – Weiter ist zu fragen: Wo liegt der bewegende Impuls für den Elternbeirat? Äußerlich gesehen ist das die Frage: Wer leitet die Sitzungen? Wer beruft sie ein? Soll es ein Elternvertreter sein, soll es das Kollegium oder ein Kollegiumsvertreter sein? Sollen etwa ein Eltern- und ein Lehrervertreter gemeinsam einladen? – Ferner: Welches sind die Themen für die Sitzungen? Wer bestimmt sie? Sollen geisteswissenschaftliche Themen behandelt werden? Soll die Vortragsform oder mehr der Stil einer Arbeitsgemeinschaft gewählt werden? – Inwieweit könnten schulorganisatorische, schulplanerische oder auch pädagogische Fragen zum Themenkreis des Elternbeirates gehören? Und vor allem: Heißt Elternbeirat Elternmitverwaltung in der Schule und gegebenenfalls in welchem Umfang? Das eben ist nun die Zentralfrage nach der Funktion dieses Gremiums schlechthin.

Was ist in allgemeinster Beschreibung der äußere Vorgang, der dem Elternbeirat zugrunde liegt? Je ein, zwei oder drei Vertreter aus jeder Klasse kommen in möglichst regelmäßigem Turnus mit dem Kollegium oder einigen Lehrern zusammen, um sich zu besprechen und zu beraten: *Elternbeirat.* Worüber wird beraten? Von der Idee eines Gesprächs zwischen freien Individuen ausgehend, kann gesagt werden, daß über *alles* miteinander gesprochen werden kann; sofern man sich allerdings darüber klar ist, daß über folgendes von der Sache her gesehen eigentlich *nicht* gesprochen werden sollte: die Detailfrage eines Elternteiles über «Sohn Fritz» in einer bestimmten Klasse (etwa seine Blutarmut oder Nervosität betreffend) gehört ihrem Wesen nach in das Einzelgespräch mit dem Klassen- oder Fachlehrer oder allenfalls noch in den Klassenelternabend. In den Elternbeirat würde sie äußerstenfalls als Ansatzpunkt für eine generalisierende Aussprache hineingehören; oder vielleicht noch als ein Problem, das Lehrer und Elternteil gemeinsam in diesen Kreis hereintragen, weil sie eine helfende Lösung im Einzelfall nicht oder nicht gemeinsam finden konnten.

Ferner gehört ganz sicherlich nicht in den Elternbeirat die Bearbeitung spezieller Fragen der Finanzierung und Rechtsvertretung der Schule, wie etwa die Führung eines Miet- oder nachbarrechtlichen Prozesses oder die Änderung der Einkommensordnung der Lehrer. Das bleibt Aufgabe des Vereinsvorstandes, soweit nicht – wie bei der Unterhaltsdeckung für die Lehrer – auch das Kollegium dabei mitzuwirken hat.

Im Folgenden seien nur *Beispiele* aus der großen Fülle möglicher Themen genannt: Art und Aufbau des Lehrplanes; schulorganisatorische Fragen, wie z.B. der morgendliche Schulbeginn und der Nachmittagsunterricht; Klassenfahrten etwa in bezug auf Alter der Kinder und Entfernung vom Heimatort; die Planung für den Aufbau der Oberstufe, das Abitur und andere Abschlüsse; ferner gehört auch dazu die Entgegennahme und Erörterung von Klagen und Sorgen von Eltern im Hinblick auf den Unterricht und einzelne Lehrer; desgleichen die Sorgen und Enttäuschungen der Lehrer über die Haltung einzelner Eltern; wobei zu diesen Sorgenpunkten zu sagen ist, daß die zahlenmäßige Größe des Kreises eine offene Erörterung hierüber schwermacht. Dafür wäre besser ein kleinerer Ausschuß vom Elternrat zu bilden, in dem man vertraulich und geschützt vorbringen kann, was die Gemüter bewegt. Und natürlich gehört wesentlich in den Kreis des zu Erörternden die Grundlage der Schule: die Menschenkunde Rudolf Steiners und die sich aus ihr ergebende pädagogische Methodik.

Im Hinblick hierauf ist aber zu sagen, daß der Elternbeirat kein Vortragskreis sein sollte. In ihm dürfen sich die Eltern nicht allein auf das Anhören geistiger Inhalte verwiesen sehen, es sollte eine Gesprächsatmosphäre herrschen. Andererseits ist sicherlich die rein pädagogische Arbeitsgemeinschaft, die in einem seminaristischen Gespräch Geistiges erarbeitet, dann nicht «Elternbeirat», wenn sie sich diese Arbeit als ausschließlichen Zweck gesetzt hat. Solche Veranstaltungen und Arbeitsgruppen sind natürlich für das Leben der Schulgemeinde und der Schule von großer Bedeutung, sie erfüllen aber doch andere Aufgaben. Es ist beim Elternbeirat mehr an ein weitgespanntes Mitdenken und Mittragen der Eltern auf den verschiedensten Gebieten des Schullebens gedacht. Gewiß ist nicht nur die Wahl der Mitarbeiter (und ihre «Abwahl») ein Bestandteil der Autonomie des Lehrerkollegiums; auch die Anwendung der Pädagogik unterliegt letztlich der verantwortlichen Selbstkontrolle des einzelnen Lehrers und des Lehrerkollegiums. Es gibt aber zahlreiche Sachfragen das Schulleben und die Schulgestalt betreffend, in denen das Kollegium nicht nur den Rat der Eltern einzuholen hat, wenn es selbst zu tragfähigen Entscheidungen kommen will, sondern in denen eine gemeinsame Entscheidung – also ein echtes «Sich-Zusammenraufen» – unerläßlich ist.

Wichtig als Tagesordnungspunkte des Elternbeirats sind regelmäßige und möglichst farbige Berichte aus der Arbeit des Kollegiums und des Schulvereinsvorstandes. Nur bei einer breiten Information über die bewegenden Fragen der Schule kann der Elternbeirat sich durch konkrete Gedankenäußerungen und beratend konstruktiv beteiligen.

Die Lehrer werden dankbar sein, durch die Elternvertreter im Beirat eine Antwort auf ihre Bemühungen zu erfahren; hierzu gehört die volle Bereitschaft, auch Kritik positiv entgegenzunehmen. Das gilt selbstverständlich genauso für die erforderliche

Bereitschaft der Eltern, kritische Gesichtspunkte durch die Lehrer zu empfangen. Wenn gelegentlich von Lehrerseite – und oft mit vollem Recht! – darüber geklagt wird, daß Eltern ihre Auffassungen oder ihre vorhandene Kritik (etwa auf einem Klassenelternabend) nicht offen ausgesprochen, sondern erst beim Fortgehen sozusagen «auf der Treppe» zu anderen Eltern geäußert hätten, so darf dem die Frage entgegengehalten werden, und in nicht ganz seltenen Fällen mit dem gleichen Recht: haben der oder die betreffenden Lehrer ein Begegnungsklima, eine offene Gesprächssituation wirklich überzeugend hergestellt? Konnten die Eltern darauf vertrauen, mit etwaiger Kritik und mit ihren Sorgen offen und ganz sachlich aufgenommen zu werden?

Das alles gilt in gesteigertem Maße für die gegenseitige Bemühung, die den Elternbeirat trägt. Dann wird in ihm vieles ausgesprochen werden können, was seiner Natur nach einen engeren, vertrauensvollen Rahmen sucht. So kann der Elternbeirat, seinem Namen entsprechend, dazu da sein, daß Eltern ihren Rat der Schule helfend zur Verfügung stellen; er kann zu einem idealen Feld der Begegnung von Lehrern und Eltern werden; er kann sich den seine Bedeutung noch tiefer charakterisierenden Namen eines *Elternvertrauenskreises* verdienen. Oder vielleicht noch besser: er kann zur *Eltern-Lehrer-Konferenz* werden, an der vielleicht nicht das ganze Kollegium, aber doch im Vier- oder Sechs-Wochen-Rhythmus eine größere Anzahl von Lehrern regelmäßig teilnimmt. Sehr viele Schulen praktizieren das so und haben ja auch eine Öffnung dieses Gremiums derart, daß *alle* interessierten Eltern, wenn sie sich zur regelmäßigen Teilnahme verpflichten, mitarbeiten können.

Legt man diese Erwägungen einer Beantwortung der eingangs gestellten mehr formalen Fragen zugrunde, so wird man verhältnismäßig leicht die für eine bestimmte Schule günstigsten Lösungen finden. Für die Wahl der Klassenvertreter ist ein formelles Wahlverfahren nicht unbedingt erforderlich, ja vielleicht nicht einmal empfehlenswert. Es ist ungewiß, ob auf diesem für eine politische Vertretung ausschließlich gültigen Wege für einen Elternbeirat die besten Vertreter gefunden werden. Anderseits aber ist es sicherlich falsch, wenn die Vertreter einseitig vom Klassenlehrer oder vom Lehrerkollegium bestimmt werden. Die

Verhältnisse sind ja in einer Klassenelternschaft verhältnismäßig überschaubar; jeder kann bei gutem Willen jeden kennenlernen, und so werden sich sicher in einer freien Aussprache der oder die richtigen Vertreter finden. Selbstverständlich ist aber auch, falls es eine bestimmte Klassenelternschaft von sich aus so wünschen sollte, eine Wahl durch formelle Abstimmung möglich und steht nicht im Widerspruch zu dem für eine freie Schulgemeinschaft notwendigen geistigen Klima.

Schließlich kann auch die Frage der Leitung des Elternbeirates ihre angemessene Lösung immer nur aus dem Geiste der Freiheit heraus erfahren. Vieles wird sich weitgehend nach den vorhandenen Persönlichkeiten richten. Wünschen die Eltern eine mehr von der Elternschaft ausgehende Leitung und findet sich hierfür die rechte Persönlichkeit, so ist das sehr gut und fruchtbar. Andererseits ist es aber auch gut denkbar, daß ein Mitglied des Lehrerkollegiums oder des Vorstandes die formelle Leitung der Sitzungen hat. Auch ein abwechselndes oder paritätisches Verfahren ist denkbar. Ein vorbereitender Kreis, in dem Lehrer und Eltern Themen und Tagesordnung vorbereiten, der die Versammlungsleitung unterstützt und die Kontinuität wahrt, hat sich vielerorts bewährt.

III

Von Zeit zu Zeit taucht auch einmal der Wunsch bei Eltern auf, ihre Sorgen allein unter sich, ohne die Anwesenheit von Lehrern, zu erörtern. Grundsätzlich kann man dazu vom Standpunkt der Freiheit nur sagen, daß dem nichts im Wege steht. Unter dem Aspekt dessen, was die Schule als sozialer Organismus seiner Aufgabe nach ist, muß aber Erläuterndes hinzugefügt werden. Wenn Eltern zusammenkommen, um aus den Problemen ihrer häuslichen Erziehung und auch aus dem, was die Kinder an Erlebnissen aus der Schule mitbringen, ihre Gedanken miteinander auszutauschen, so spielt die Existenz der Waldorfschule dabei keine andere Rolle, als daß diese Eltern sich vielleicht auf dem Boden dieser Schule kennengelernt haben und daß dadurch bei ihnen gemeinsame Gedanken und Erfahrungen aufgetreten sind.

Wenn aber Eltern in größerem Rahmen und eventuell sogar kontinuierlich speziell unter dem Gesichtspunkt zusammenkommen, um über die Schule oder etwa über einen bestimmten Lehrer oder auch eine pädagogische Maßnahme der Schule sich auszusprechen, so entsteht dadurch sogleich eine andere, erweiterte Bezogenheit. Als Argument für solche Treffen wird häufig gesagt: «Die Lehrer kommen ja auch regelmäßig in ihren Konferenzen zusammen, und wir sind nicht dabei.» Nun muß man aber doch das Konferenzleben der Lehrer so verstehen, daß sie notwendigerweise kontinuierlich zusammenwirken *müssen*, um ihre Aufgabe als Träger des Unterrichtsgeschehens in der Schule sinnvoll handhaben zu können. Die Lehrer kommen im Normalfall ja nicht zusammen, um sich über die Eltern auszutauschen, sondern sie kommen eben zusammen, um ihre Arbeit leisten zu können. Dieser Aspekt kann für die Eltern nicht oder nur in höchst eingeschränktem Maße geltend gemacht werden. Die Tätigkeit der Eltern im Rahmen des Schulzusammenhanges bedingt gerade weitgehend ein unmittelbares Zusammenwirken mit den Lehrern, um ein sinnvolles Miteinander entstehen zu lassen. Kommen aber die Eltern gezielt zusammen, um (wie auch immer) über die Schule zu sprechen, so entsteht zu leicht das Moment einer quasi gewerkschaftlichen Verfaßtheit: Interessengruppe steht gegen Interessengruppe.

Es ist gewiß zuzugeben, daß eine entsprechende Neigung von Eltern, sich ohne Lehrer treffen zu wollen, zumeist dann sich einstellt, wenn das Lehrerkollegium es nicht ausreichend verstanden hat, eine wirkliche Transparenz seines Handelns und eine herzlich-offene Zusammenarbeit mit der Elternschaft herzustellen; wenn also das Kollegium seinerseits sich zu sehr als eine in sich geschlossene Gruppe darstellt mit einer oft zwar schwer nachweisbaren, aber doch leise vorhandenen sich distanzierenden Geste gegenüber der Elternschaft.

Dies alles wird man im Auge behalten müssen, wenn von seiten der Elternschaft oder von Teilen der Elternschaft der Wunsch nach einem Zusammensein der Eltern ohne Lehrer entsteht. Gemeint ist hier natürlich nicht der mehr private oder sich selbstverständlich als Begleitung konkreter Aufgaben (etwa Basar-Vorbesprechung) ergebende Konnex, sondern eine eher organhafte Form des Zusammenwirkens. Zurückgewiesen oder diskriminiert werden sollte dieser Wunsch von Eltern aber niemals. Die Folge wäre ohnehin lediglich die, daß die betreffenden Eltern dann doch, aber nun «heimlich», in dem von ihnen gewünschten Sinne zusammenkämen. Man wird also immer ein entsprechendes Freiheitsrecht der Eltern prinzipiell zu bejahen haben. Andererseits aber wird man von allen in der Schule verantwortlich Mitarbeitenden die intensive Bemühung erwarten und erhoffen, daß im Zusammenleben zwischen Lehrerkollegium und Elternschaft Verhältnisse sich entwickeln, die den Wunsch von Eltern, im hier gekennzeichneten Sinne ohne Lehrer zusammenzukommen, nicht als prinzipielle Forderung entstehen lassen.

IV

Zusammenfassend kann man sagen: Von einem gewissen Gesichtspunkt aus betrachtet, kann der Elternbeirat zu einem Mittler-Organ für das ganze Schulleben werden. Als ein Bindeglied, ein Ort des Austausches zwischen Eltern und Lehrern steht er neben Kollegium und Vorstand; nicht so sehr Handlungsorgan wie diese, mehr ein Bereich des fühlenden Wahrnehmens, des abwägenden Begleitens: ein Stück «Schulgewissen». Lehrer wie Eltern können durch diese Zusammenarbeit zu einem vertieften Verstehen und einem entschiedeneren Handeln im Sinne des Erziehungsauftrages der Freien Waldorfschule impulsiert werden.

Schule und Schulverein – Zweiheit oder Einheit?

Formen der Zusammenarbeit von Eltern und Lehrern

I

Die Überschrift «Schule und Schulverein – Zweiheit oder Einheit» ist überspitzt formuliert. Diese Frage soll auch keineswegs mit einer schnellen Ja-Nein-Antwort abgetan werden. Vielmehr sollen zunächst einige Lebenszusammenhänge beschrieben werden, aus denen sich ein gewisses in sich bewegliches Bild ergeben kann. Bei dem Ringen um ein tieferes Verständnis werden die Äußerungen Rudolf Steiners über die Lebensgesetze der Waldorfschule unentbehrlich und hilfreich sein. Reiches Material in diesem Sinne finden wir etwa in dem Band «Rudolf Steiner in der Waldorfschule. Ansprachen für die Kinder, Eltern und Lehrer»[1]. Man kann aber an die hier gemeinten Fragestellungen über die Art des Zusammenwirkens im Schulzusammenhang auch ganz von den Phänomenen und sozialen Prozessen aus, wie sie das tägliche Leben uns bietet, herangehen. Wenn man sich auf das alles geduldig einläßt, können einem dabei Begriffsbildungen zuwachsen, wie wir sie dann in dem großen geistigen Wurf der Worte Rudolf Steiners finden oder dort vorab schon gelesen haben.

Wir haben schon von den zwei Quellen gesprochen, aus denen sich die Waldorfschule speist. Die eine hängt mit dem zusammen, was man vielleicht auch mit dem persönlichen Schicksal Rudolf Steiners in Verbindung bringen kann – es war dies im umfassenden Sinne ein «Lehrerschicksal» –: Es geht bei der Waldorfschule um die spirituelle Vertiefung der Pädagogik in der heutigen Zeit. Zugleich sind die Wirklichkeit der sozialen Dreigliederung und die ihr entsprechenden Ideen angesprochen: Der Lehrer kann seinem Wesen nach weder weisungsgebundener Staatsbeamter noch auch bloßer Privatlehrer sein. In einem anzustrebenden freien Geistesleben ist der Lehrer Sachwalter eines nicht nur von einzelnen

---

1 GA 298, Dornach 1980.

Menschen, sondern auch von der Gesellschaft geforderten Tuns. Die Verdichtung der Pädagogik im Organismus Schule schafft nun aber ein Gebilde eigener Art, das einerseits dem Motiv der spirituellen Vertiefung mit allem, was sich aus ihm an eigengesetzlichen Formen für das Wirken eines Lehrerkollegiums ergibt, gerecht werden muß und das andererseits in angemessener Weise im Kontext mit den gesellschaftlichen Verhältnissen zu stehen hat.

II

Die Zusammenarbeit der Lehrer gliedert sich in der Waldorfschule aus den gestellten Aufgaben heraus in drei verschiedene Konferenzen. Das hat selbstverständlich in der großen Anzahl der heute bestehenden Schulen vielfältige Modifikationen gefunden, je nachdem, wie ein bestimmter Menschenkreis die Dinge eben in den Griff nimmt. Doch bleibt es im wesentlichen bei drei verschiedenen Aufgabenkreisen, die entsprechend zugeordnet werden: es gibt die sogenannte Interne Konferenz, die etwa auch Geschäfts- oder Verwaltungskonferenz genannt wird; es gibt die spezielle Pädagogische Konferenz und eine mehr Organisatorisches betreffende Technische oder Allgemeine Konferenz.

An der Internen Konferenz nehmen die mit einer Schule fest verbundenen Lehrer teil, es ist eine Art von Schulleitungskonferenz (Rudolf Steiner: «Wir werden eine Schule ohne Direktor haben.») In dieser Gruppierung werden Lehrer unter sich sein, so wird man denken, und so wird es aus der Sache heraus ja auch zumeist gehandhabt. Aber ganz so einfach ist es denn doch wieder nicht. Wird z. B. in dieser Konferenz darüber entschieden, was etwa die Zu- oder Abwahl von Kollegen oder auch die «Abwahl» (Schulverweis) eines Schülers betrifft, so hat man doch zugleich zu fragen, wie es sich dabei mit den Menschen verhält, die den Gesamtorganismus Schule mit den Lehrern gemeinsam verantworten müssen. Das sind vor allem die Vorstandsmitglieder des sogenannten Schulträgers (Schulverein oder Genossenschaft). Unter ihnen befinden sich ja immer auch Menschen, die nicht als Lehrer an der Schule tätig sind, die vielmehr als Schuleltern oder als Freunde der Schule ehrenamtlich im Vorstand des Schulvereins mitwirken.

Nehmen wir den Fall der «Abwahl» eines Schülers, insofern er nicht ganz organisch in Übereinstimmung mit den Eltern erfolgt. Es gibt doch immer wieder einmal wieder (bedauerliche) Fälle, in denen es zu einer krisenhaften Zuspitzung kommen kann. Die Eltern sind z. B. ganz und gar nicht mit der Abmeldung des Kindes einverstanden, das Kollegium ist aber – gleich aus welchen Gründen – der Überzeugung, daß das betreffende Kind in seiner Klasse nicht verbleiben kann. Natürlich ist dies zunächst eine rein pädagogische Frage, in der die Lehrer aus ihren Einsichten heraus die Freiheit ihrer Entscheidung behalten müssen. (Anders herum können ja die Lehrer auch nicht ein Kind in der Schule festhalten, das von den Eltern abgemeldet wird und das die Lehrer sehr gern weiter im Klassenverband behalten möchten.) Kommt es in einem solchen Fall bis zu einem gerichtlichen Verfahren wegen der Berechtigung der Kündigung des Schulvertrages, so zeigt sich alsbald, daß der Vorstand des Schulvereins oder zumindest die Vorstandsmitglieder, die hernach vor Gericht die Sache des Vereins, d. h. aber doch der Schule, zu vertreten haben, vorher in angemessener Weise an dem Vorgang dieses Verweises beteiligt sein müssen. Es ist schlechthin indiskutabel, wenn ein Vorstandsmitglied als Nichtlehrer genötigt sein sollte, etwas vor Gericht vertreten zu müssen, was ihm vielleicht erst kurz vorher als vollendete Tatsache mitgeteilt worden ist.

Für den innerschulischen Vorgang in solchen Fällen kommt es ganz schlicht darauf an, durch Einbezug von Vorstandsmitgliedern oder des Vorstandes in die betreffenden Beratungen des Kollegiums eine Entscheidung zu finden, die wirklich für die ganze Schulgemeinschaft repräsentativ ist. Langjährige Erfahrungen zeigen, daß Eltern als Vorstandsvertreter im Prinzip durchaus Verständnis für die Notwendigkeit der Entscheidungsfreiheit des Lehrerkollegiums aufbringen. Es muß nur eben wirklich in *beiderseitiger* Offenheit *vor* der Entscheidung beraten werden. – Entsprechendes kann man für die Zu- und Abwahl von Kollegiumsmitgliedern denken. Sicher muß besonders hier die volle Entscheidungsfreiheit der Lehrergemeinschaft respektiert werden. Auf dem Wege zur Entscheidungsfindung des Kollegiums sollte aber – zumindest in gewichtigen Fällen – auf die Argumentation aus dem Bereiche der Arbeit des Vorstandes gewiß nicht verzichtet werden;

von den finanziellen Aspekten, die nicht ausschließlich, aber doch wesentlich Vorstandssache sind (erlaubt der «Haushalt» der Schule diesen weiteren Mitarbeiter?), einmal ganz abgesehen. Die Eigenverantwortlichkeit und Selbständigkeit eines Lehrerkollegiums wird nicht im leisesten dadurch eingeschränkt, daß Formen dafür gefunden werden, um Elternvertreter und deren reiche Lebenserfahrung in angemessener Weise einzubeziehen.

Ob man so weit gehen will, die Einholung entsprechenden Rates in einer Satzung oder Geschäftsordnung als verbindlich festzulegen, kann nur von jeder konkreten Gemeinschaft ihren individuellen Überzeugungen und Erfahrungen entsprechend entschieden werden. Das wäre dann eine Art «Anhörungsverfahren»; Partner des Lehrerkollegiums wären hierbei der Schulvereinsvorstand (etwa in Personalfragen) oder ein Ausschuß des Elternvertrauenskreises (etwa beim Schulverweis eines Schülers) oder bestimmte namentlich benannte Persönlichkeiten aus der Elternschaft. Allerdings schafft eine gute Satzung oder Geschäftsordnung noch nicht automatisch ein gutes Leben; aber Satzungen können doch oft hilfreich, zumindest bewußtseinsstärkend sein. Man kann aber auch der Überzeugung sein, daß es richtiger ist, so etwas nicht zu sehr in das Vereinsmäßige zu bringen. Auf alle Fälle ist entscheidend, daß das der Sache nach Erforderliche wirklich geschieht.

Wenn man in bezug auf die geschilderten Vorgänge einmal untersucht, wie sich Rudolf Steiner in verwandten Situationen verhalten hat, so kann man vieles lernen. Man stellt fest, daß er – etwa im Falle der Namensfindung für eine bestimmte Waldorfschule – sich intensiv auf in voller Offenheit geführte Gesprächsprozesse mit allen Beteiligten eingelassen hat. Man darf davon ausgehen, daß Steiner in dieser Sache seine wohlbegründete eigene Auffassung hatte, die er sogleich hätte zur Entscheidung stellen können. Man sieht aber gerade an seinem Verhalten, was es bedeuten kann, wirklich offen in Beratungen hineinzugehen; es kam ihm auf ein Ergebnis an, das Frucht einer *gemeinsamen* Denkbemühung war. – Im Blick auf derartige Vorgänge kann man etwas von der tieferen Bedeutung einer solchen Gesprächsatmosphäre erfahren. Nie darf man diese Mühe scheuen und das selber (als einzelner oder als Gruppe) vielleicht gut begründet Gewollte zu eilig in

Beschlußform oder gar in die Handlung bringen. Selbst mühevolle Gesprächsabläufe sind nur scheinbarer Zeitverlust, sie erweisen sich als nützliche Vorstufen, als angemessener Acker für die Keimkraft von Entschlüssen.

Zur Pädagogischen Konferenz der Lehrer werden oft Menschen hinzugezogen aus dem Bereich der Schul- oder Schulvereinsverwaltung – etwa Geschäftsführer oder Vorstandsmitglieder –, mit denen man in gemeinsamer Arbeit an den anthroposophischen Grundlagen der Waldorfpädagogik zu einer tragfähigen Gemeinsamkeit finden will. Das ist ganz sicher ein notwendiger und glücklicher Impuls. Das einzige Moment wirklicher Einheitlichkeit bei der geradezu radikalen Betonung der individuellen Freiheit für alle am Organismus Schule Beteiligten liegt ja in den der Waldorfpädagogik zugrunde liegenden Ideen. Das gemeinsame Ringen um diese Ideen ist das immer erneut Einheit-Stiftende, ohne das alles andere nur in Parteiungen, ins Chaos oder ins Konventionelle führen würde. Dennoch wird man auch im Bereich der pädagogischen Konferenz behutsam zu differenzieren haben. Die kontinuierlich erforderlichen Kinderbesprechungen, bei denen der Klassenlehrer, die Fachlehrer und schließlich auch der Schularzt in oft intimer Weise über Lebensverhältnisse eines Schülers im Geiste voller Positivität sprechen müssen, gehören eigentlich nur in den Bereich der Menschen, die an dem hier angesprochenen pädagogischen Vollzug unmittelbar beteiligt sind. Ein Schulgeschäftsführer etwa, der nicht Lehrer ist, der aber doch sein Büro mitten im Schulhaus hat, der in den Pausen die Kinder sieht und mit ihnen spricht und oft innig am realen Schulleben beteiligt ist, wäre sehr wohl als Teilnehmer eines solchen Gespräches denkbar. Es kommt eben immer auf die realen Verhältnisse an, abstrakte Regelungen sind fehl am Platze.

Wenn man die in diesem Bereich anfallenden Lebensvorgänge (hier ja nur an wenigen Beispielen angedeutet) unbefangen auf sich wirken läßt, so kann man wohl eine Empfindung für die Unerläßlichkeit der Kontinuität eines speziellen Lehrergespräches gewinnen. Man sieht, wo dieses aus dem Bildprinzip der Selbstverantwortlichkeit des Produzierenden angebracht ist und wo andererseits das Konferenzelement in Gemeinsamkeit von Lehrern und den Gesamtorganismus verantwortlich mittragenden Nichtlehrern einer besonderen Kultivierung bedarf. Die Ordnungen, die man sich dann aus einer solchen Erkenntnisbemühung gibt, dürfen aber nie als Dogmen verstanden werden, ein Stück «Freiheit aus der konkreten Situation heraus» muß immer erhalten bleiben.

III

Gerade das Erfahrungsfeld Schule ist gut geeignet, einen Grundtatbestand menschlicher Beurteilungsfähigkeit deutlich zu machen. Man erkennt, daß man sich (zumindest zunächst) immer einer Beurteilungsqualität bedient, die mit dem Wort «Schichtenurteil» – es stammt von Rudolf Steiner[2] – bezeichnet werden kann. Damit will in etwa gesagt sein, daß jeder Lebensvorgang sich gleichzeitig oder in rascher Folge in verschiedenen Bereichen oder Schichten abspielt und so auch verschieden angeschaut und beurteilt werden kann. Für die Idee bzw. Intention, die irgendein Mensch ursprünglich faßt oder die er sich im nachhinein an seinen Erfahrungen bildet, ist in erster Linie der Bereich zu betrachten, in dem Ideen nach bestimmten Gesetzmäßigkeiten sich bewegen. Im innerseelischen Raum wird dann die betreffende Idee vielfältig angereichert, sie setzt Empfindungen und Vorstellungen in Bewegung; da ist also eine neue und ganz andere Schicht das Beobachtungsfeld und Grundlage für eine Beurteilung. Nochmals anders stellt sich dann der Vorgang dar, wenn wir den Bereich der speziellen Lebenskräfte anschauen, der das Willenshafte der Angelegenheit betrifft. Und schließlich wird ein Entschluß auf der Grundlage der leiblichen Konstitution ausgeführt. Alles dies, betrachtet man es jeweils als Einzelheit, ist berechtigterweise ganz unterschiedlich zu beurteilen. Der Gesamtbeurteilung liegt aber ein durchaus einheitlicher, in sich stimmiger, vom Wesen des betreffenden Menschen geprägter Vorgang vor.

Was auch immer wir betrachten, zunächst sind andere als Schichtenurteile gar nicht möglich. Aber sie müssen doch zusam-

2 Wir verdanken die Mitteilung dieses von Rudolf Steiner verwendeten Begriffes Ernst Lehrs in seiner Autobiographie «Gelebte Erwartung», Stuttgart 1979, S. 11.

menschaubar sein. Das Ergebnis solcher Zusammenschau zeigt: ein weit und locker genug gefaßtes Schichtenurteil widerspricht den anderen auf denselben Vorgang (aber in anderer Schicht) bezogenen nie, sie fügen sich zu *einem* Bilde, zur Harmonie. So ist es auch mit auf entsprechenden Urteilen beruhenden Handlungen. Zu kurz und eng gefaßte Urteile (und entsprechende Handlungen) allerdings stehen antipathisch zur Mitwelt.

Wenn wir uns dieses vergegenwärtigen, können wir auch einen angemessenen Bezug zu dem Verhältnis von Schule und Schulverein herstellen. Beide sind Elemente des Gesamtwesens Schule. Es liegen durchaus verschiedene und unterschiedlich beurteilbare Schichten vor, beide aber sind doch von dem jeweils betreffenden Schulwesen, das ganz realistisch gedacht werden muß, einheitlich geprägt. Im irdischen Zusammenhang kann kein geistig Wesenhaftes ohne gleichwie geartete formale Qualität Erscheinung werden. In bezug auf die Waldorfschule bedingen Schule und Schulverein sich wechselseitig. Der Schulverein in seiner durchaus variablen Verfaßtheit ist die am weitesten ausgedehnte Erscheinungsform des Wesens Schule, wenn es sich in der heutigen menschlichen Gesellschaft sozial sachgemäß verkörpert.

Nun kann durchaus eine Beziehung zwischen dem *Wesen* einer Sache und dem, was die soziale Funktion des *Geisteslebens* ist, hergestellt werden; und auch ein gewisser Bezug zwischen der *äußeren Form* und dem *Rechtsleben.* Aber es wäre doch ein gröbliches Mißverständnis, wenn man nun weiter folgern wollte: also Lehrer = Geistesleben der Schule, Eltern = Rechtsleben usw. . . . Jeder Versuch einer solchen Einteilung, der einem vielleicht in einer denkschwachen Stunde im Ansatz unterlaufen mag, würde ganz aus der Lebenswirklichkeit herausführen[3]. Denn selbstverständlich gehört zum Geistesleben der Schule nicht nur das Wirken der Lehrer, sondern ebenso die Beratungen des Elternbeirates und des Schulvereinsvorstandes. Jedes Eltern-Lehrer-Gespräch über pädagogische Fragen ist Geistesleben, vor allem auch die gemeinsamen ideellen Bemühungen um die sozialen Grundfragen

---

3 Vgl. a. Jan Respond: Auf der Suche nach einer organischen Sozialgestalt als Grundlage inneren und äußeren Gedeihens einer Gemeinschaft, in «Die Menschenschule», Heft 11/1982.

(Ideen zur Dreigliederung des sozialen Organismus) und über die Stellung der Waldorfschule in der heutigen Zeit. So ist es klar, daß auch die Eltern entschiedene Teilhaber am Geistesleben der Schule sind. Genauso sind nun allerdings auch die Lehrer Teilnehmer an allen Rechtsvorgängen im Gesamtorganismus Schule. Die Formen, in denen ein Kollegium miteinander umgeht (Konferenzen usw.), sind ebenso Rechtsleben wie die Ordnungen des Schulvereins. Die Lehrer nehmen verantwortlich durch ihre Vertreter an der Arbeit des Schulvereinsvorstandes teil, und immer müssen nach den jeweiligen gesetzlichen Bestimmungen auch ein oder mehrere Lehrer als offizielle Vertreter der Schule der Unterrichtsbehörde gegenüber fungieren.

Auch am Wirtschaftsleben der Schule haben selbstverständlich alle Beteiligten intensivsten Anteil. Die «Dienstleistung» als solche ist Wirtschaftsleben und alles, was mit ihrer Ermöglichung in finanzieller Hinsicht zusammenhängt. Wo etwa Lehrer mehr oder minder gedankenlos eine monatliche Vergütung entgegennehmen würden (vielleicht mit dem Gefühl, einen klaren Arbeitnehmeranspruch auf ein bestimmtes Gehalt mit regelmäßig zu erfolgenden Erhöhungsraten zu haben) und sich also um die wirtschaftlichen Bedingungen der Schule wenig kümmern und dieses Metier hierfür zuständigen Elternvertretern oder einem tüchtigen Geschäftsführer überlassen würden, da wäre das Wesen einer solchen Schule gespalten; es wäre ein sozialer Krankheitsprozeß zu verzeichnen. Mit einer solchen konjunktivischen Bemerkung soll nicht unterstellt werden, daß es irgendwo tatsächlich so sei; eine leise Geneigtheit, aus dem Trägheitsprinzip heraus so zu leben, steckt aber doch wohl in fast jedem Menschen. Das muß im stets erneuerten gemeinsamen Bemühen überwunden werden.

Lehrersorgen richten sich gelegentlich darauf, daß etwa durch einen tüchtigen Geschäftsführer oder Schulvereinsvorstand das Kollegium von der Handhabung der wirtschaftlichen Seite der Schule ferngehalten werde. Diese Gefahr kann letztlich aber nur dann entstehen, wenn Lehrer bestimmte Sachgebiete, die sie nach dem Prinzip der Selbstverantwortlichkeit selber zu durchdringen hätten, gleich aus welchen Gründen geräumt haben. Die Lehrer, eigentlich alle Lehrer, zumindest aber einige als Vertreter für ein Kollegium, müssen sich in den wirtschaftlichen Fragen und Sorgen der Schule (dazu gehören auch die Baufragen) neben den Vertretern der Elternschaft voll engagieren. Tun sie das nicht ausreichend, so wachsen dann oft andere Menschen in diese Initiativen hinein. Auch das kann im Extrem durchaus zu Krankheitszuständen im sozialen Zusammenhang führen. Man wird sagen dürfen, daß jedes Vorstandsmitglied oder jeder Geschäftsführer der vollen Kollegialität von Lehrern auf dem eigenen Arbeitsfeld bedarf und daß er sie – wenn er sich selbst nur richtig versteht – auch voll bejaht.

Natürlich können und sollen nicht alle Tätigen alles zur gleichen Zeit tun. Auch im Gesamtorganismus Schule gilt das Prinzip der Arbeitsteilung. Republikanisch, d. h. mit zeitlicher Delegation von Verantwortlichkeiten, nicht aber forciert demokratisch muß eine Schule und Schulgemeinde verwaltet werden, wenn ein funktionsgerechtes Arbeiten sichergestellt sein soll. Das gilt für die Tätigkeit im Lehrerkollegium genauso wie für alle anderen Bereiche im Schulleben. Bestimmte Menschen werden also an bestimmten Schwerpunkten primär tätig sein. Aber im Bewußtsein der Gemeinschaft (in den verantwortlichen Gremien) und in dem jedes einzelnen muß sich das Ganze zu einem einheitlichen Organismus zusammenfügen. Das Verhältnis der Immanenz, der wechselseitigen Durchdringung und des Sich-Bedingens von Inhalt und Form, muß bis in die bewußte Handhabung aller Vorgänge immer neu hergestellt werden.

IV

Von den Organen des Schulvereins fällt der Vorstand besonders ins Auge. Er ist ja nicht nur von außen durch das Vereinsrecht gefordert, seine Existenz beruht auf einer rein von innen aus der Sache heraus kommenden Gesetzmäßigkeit: wenn eine größere Gemeinschaft von Menschen sich eine zu verantwortlichem Handeln befähigte Rechtsform zu geben gewillt ist, so wird sie eines Organs bedürfen, das den Gesamtwillen zum Ausdruck zu bringen hat. Gewiß kann das auch eine Mitgliederversammlung – sozusagen die Volksversammlung – tun. Wenn es aber um zu vollziehende Handlungen geht, so muß ein spezielles Organ als

Träger und Vollstrecker dieser Handlungen vorhanden sein. Dieses Organ nun wieder kann ja in sich ganz demokratisch, besser: im Sinne eines Kollegialvorstandes verfaßt sein. Die Rechtsordnung schreibt keineswegs einen «ersten Vorsitzenden» oder etwas Entsprechendes vor. Es muß nur die Vertretungsbefugnis der Vorstandsmitglieder in irgendeiner Weise klar geregelt werden. In der Tat hat sich bei den deutschen Waldorfschulen seit langem immer mehr dieses Kollegialprinzip für die Vorstandsarbeit herausgebildet und bewährt. Der Vorstand gibt sich dann eine Geschäftsordnung mit einer Arbeitsteilung, eventuell sogar im rollierenden System.

An der Wahl der Vorstandsmitglieder (wer gewählt wird und wie man sie wählt) kann nun manches deutlich werden darüber, welche Auffassung der betreffende Menschenkreis vom Wesen eines Schulvereins im Verhältnis zur Schule hat. Das soll nun an einigen Beispielen (hier abstrakt dargestellt, aber durchaus auf konkreten Erfahrungen beruhend) verdeutlicht werden.

Es kann wohl einmal sein, daß der Schulvereinsvorstand zahlenmäßig ganz einseitig von der Elternschaft bestimmt wird, daß man vielleicht nur einen stimmberechtigten Vertreter aus der Lehrerschaft (neben eventuell noch weiteren Lehrern als beratenden Beisitzern) hat. Es kann aber – ganz anders – auch sein, daß man durch Satzungsformulierungen von Anfang an für ein gesichertes Gleichgewicht (dem Vorstand müssen genau gleichviel Lehrer wie Eltern angehören, damit keine «Gruppe» die andere majorisieren kann) sorgen will. Beides mag ja für gewisse Phasen in einer Schulentwicklung eben aus real gegebener Situation so hingehen, es kann sich dabei aber wohl lediglich um Übergänge handeln. Die Funktion des Vorstandes als eine bestimmte Art des Ausdrucks der Gesamt-Wesenheit Schule wird mißverstanden, wenn etwa das Kollegium nur einen stimmberechtigten Vertreter entsenden kann. Andererseits wird man aber auch von einer allzu sorgfältigen Proporzregelung Abstand nehmen, denn bei rechtem Verständnis für das Gesamtanliegen werden niemals die Elternvertreter geneigt sein, geschlossen gegen die Lehrervertreter (und umgekehrt natürlich genauso) zu stimmen; Mißtrauen ist kein guter Ratgeber.

Nach der für einen Schulvereinsvorstand in Frage kommenden Grundidee wird man eigentlich nur sagen können, daß Eltern und

Lehrer in ihm intensiv und konstruktiv zusammenwirken müssen. Beide haben völlig unabhängig von ihrem formalen Ausgangspunkt (Eltern oder Lehrer) im Vorstand und für den Vorstand eine gewisse Funktion für das Schulganze wahrzunehmen. Wer dort mitwirkt, muß selbstverständlich auch ein volles Stimmrecht haben. Demokratische Entscheidungen aufgrund einer Mehrheitsbildung sind zwar im äußersten Fall rechtlich völlig einwandfrei, praktisch sollte es in einer Vorstandsarbeit dazu aber nie oder so gut wie nie kommen. Auch für den Schulvereinsvorstand gilt im Grunde der für ein Lehrerkollegium gültige Weg, Entscheidungen zu finden: Es ist der Weg intensiver Beratung, der zu einem einmütig gefaßten Beschluß führt. Das in dieser Situation für diesen Menschenkreis in der betreffenden Sachfrage Mögliche wird ins Auge gefaßt und vollzogen.

Man darf also sagen, daß jeder Mensch im Schulvereinsvorstand mitwirken kann, bei dem eine echte Nähe zur Sache gegeben ist; diese Voraussetzung allerdings muß erfüllt sein. Das scheint ein recht schwammiger Begriff zu sein, ist aber doch das wohl Konkreteste, was man überhaupt hierzu sagen kann. «Nähe zur Sache» heißt: Für den Nicht-Lehrer ein Verstehen der Grundlagen der Waldorfpädagogik, der anthroposophischen Menschenkunde; damit ist natürlich nichts Dogmatisches, nicht irgendein «Bekenntnis» gemeint, aber doch ein Moment der Offenheit und Positivität, jedenfalls im Sinne einer zumindest anfänglichen Einarbeitungs-Haltung; und eine hohe Bereitschaft, die für ein Lehrerkollegium geltenden Lebensgesetze zu achten. «Nähe zur Sache» für einen Lehrer heißt: neben der vorauszusetzenden Praxis in der Waldorfpädagogik über eine gewisse Weltläufigkeit und ein Weltverständnis (bis in finanzielle Einzelfragen hinein) zu verfügen und in der Bereitschaft zu leben, die Gedanken und Fragen der Eltern, auch gelegentliche Kritik, positiv aufnehmen und verarbeiten zu können. Nähe zur Sache ist für alle Beteiligten ein unablässiges Aufeinanderzugehen und ein sich in echter Partnerschaft dem Gesamtanliegen Verbunden-Fühlen.

Auch über den Wahlmodus von Vorstandsmitgliedern wird immer wieder nachgedacht. Die verschiedensten Modelle sind hier denkbar und legitim. Man kann alle Mitglieder von der Mitgliederversammlung wählen lassen; man kann aber auch dem Lehrerkollegium das Recht einräumen, die Persönlichkeiten, durch die es im Vorstand für einen bestimmten Zeitraum vertreten sein möchte, von sich aus vorzuschlagen. Vielleicht sollten auch in diesem Fall die vom Kollegium Benannten von der Versammlung dann gewählt werden, um damit zu dokumentieren, daß zwar einerseits das Recht des Kollegiums, seine Vertreter vorzuschlagen, akzeptiert wird; daß aber andererseits dann eine Wahl durch alle Vereinsmitglieder zur Einsetzung in diese Funktion angemessen ist. Man sollte nicht sagen, daß bei einer solchen Handhabung die große Zahl der Mitglieder des Vereins (überwiegend ja Eltern) keine freie Entscheidung für ihre Wahl jedenfalls der Lehrervertreter hätte. Auch dieser Benennungs- und Wahlvorgang kann nur im Bilde des untrennbaren Zusammenhangs von Schule und Schulverein richtig verstanden werden. Es sei hier an das über das «Schichtenurteil» Ausgeführte erinnert. Das Vorschlagsrecht des Kollegiums ergibt sich folgerichtig aus den Belangen der einen Schicht; die gemeinsame Wahl in der Mitgliederversammlung spricht eine andere Schicht an, in der aus Einsicht und damit doch auch frei gehandelt werden kann.

Entsprechendes gilt dann, wenn eine Gemeinschaft es für richtig hält, auch die Wahl der Elternvertreter durch ein Vorschlagsverfahren vorzubereiten. Es ist ein Vorschlagsrecht etwa durch den bisherigen Vorstand oder (vielleicht besser) durch den Elternvertrauenskreis denkbar. Daß der Vorschlag für die Elternvertreter satzungsgemäß durch das Lehrerkollegium erfolgt, ist nicht ratsam (obgleich auch das rechtlich im Zeichen der Vereinsfreiheit zulässig wäre). Das könnte von der Elternschaft wohl nicht ganz zu Unrecht als eine Art von Bevormundung empfunden werden. Ich glaube, daß es andere, bessere Wege gibt, die erforderliche «Nähe zur Sache» auch bei den zu wählenden Elternvertretern sicherzustellen. Wenn ein guter Geist in einer Gemeinschaft herrscht, darf man sich unter mündigen modernen Menschen, die sich einer Waldorfschule zugewendet haben, doch wohl vertrauensvoll auch einer ganz unmittelbaren direkten Abstimmung in der Mitgliederversammlung stellen. Es werden sich die rechten Menschen finden, die bereit sind, Verantwortung und viele zusätzliche (ehrenamtlich zu leistende) Arbeit zu übernehmen.

Das offenbare Geheimnis ist eben dieses, daß ein sozialer Organismus nur dann richtig funktionieren kann, wenn die verantwortlichen Handlungen in den verschiedenen Bereichen sinnvoll aufeinander bezogen werden. Das ist in der Waldorfschulgemeinschaft eigentlich immer auch der Fall, wenn nur eben gründliche und vertrauensvolle Beratung und vor allem rechtzeitige Information als Vorbereitung entsprechender Entschlüsse erfolgt. Lehrer, die ihre eigene Aufgabe und das Gesamtwesen Schule richtig verstehen, wollen letztlich niemals Eltern bevormunden. Geistesleben (im Sinne einer bestimmten Funktion im sozialen Zusammenhang) kann sich – besonders in deutschen Gemütern – gelegentlich wohl einmal bis zu einer gewissen «Gewaltsamkeit» äußern (in Lehrern, aber ebenso in Eltern). Aber das ist doch nur ein negatives Extrem. So haben Eltern auch nur in seltenen Ausnahmefällen (also nicht häufiger als Lehrer oder alle anderen Menschen) ein sachfremdes Machtstreben, sie wollen die Lehrer nicht majorisieren. Aber sie haben ein feines Gespür dafür, ob sie sich wirklich voll als Gesprächspartner in eine Gemeinschaft einbezogen sehen können. Anwesenheit der angemessenen Ideen (das ist eben die «Nähe zur Sache») wird im Endergebnis – von unruhigen Zwischenphasen einmal abgesehen, die durchaus zum gesunden sozialen Leben dazugehören – keine Mißverständnisse auftreten lassen.

V

Nun soll noch einmal, in gewissem Sinne resümierend, auf die spezielle Themenstellung «Schule und Schulverein – Zweiheit oder Einheit» ganz konkret eingegangen werden. Ihrem inneren Gehalt nach ist diese Frage bereits in den vorangehenden Ausführungen beantwortet worden. In Übereinstimmung mit anderen Autoren gehe ich von einer monistischen Auffassung aus, also von einer Wesenseinheit beider[4]. Der Schulverein stellt sich als eine bestimmte Ausformung der gesamten Schulgemeinschaft dar.

4 Klaus J. Fintelmann vertrat diese Auffassung bereits in den fünfziger Jahren, zuletzt in Heft 33 der «Vorschau und Mitteilungen» der Rudolf-Steiner-Schule Ruhrgebiet, Bochum-Langendreer (erschienen Januar 1983). – Ähnlich auch Benediktus Hardorp: Waldorfschule und Waldorf-

(Man kann unter diesem Gesichtspunkt auch geneigt sein, die Bezeichnung «Schulträger» für den Schulverein zu vermeiden, denn es wird durch sie die im Grunde müßige Fragestellung aufgeworfen, wer wen eigentlich trägt. Trägt das Wesen die Erscheinung oder die Erscheinung das Wesen?)

Eine interessante Publikation in der Schweiz[5] vertrat vor einiger Zeit den Gedanken, ob man nicht die Aufgabenstellung des Schulvereins sachgemäßer dadurch bewältigen könne, daß man zwei Vereine bilde: den einen von den Eltern und Freunden als Schulträger; und den anderen als Verein des Lehrerkollegiums, als Zusammenschluß von selbständig Tätigen. Dadurch lasse sich insbesondere der wesentliche Tatbestand einer befriedigenden Regelung zuführen, daß eigentlich der Waldorflehrer als «Erziehungskünstler» kein «Angestellter» eines Vereins sein könne. Ganz sicher liegt in dieser Frage eine wertvolle Anregung, die besonders durch die Rechtsordnung der Schweiz (steuer- und versicherungsrechtlich) ihre berechtigten Ausgangspunkte haben mag. Ich möchte den Weg aber eher in der Richtung suchen (was auch im deutschen Rechtsraum durchaus realisierbar ist), daß der Gedanke des Ineinanderwirkens von Schule und Schulverein bis in die rechtliche Konfiguration hinein sich konkretisiert. Der Schulverein als äußere Erscheinungsform der Schule, die Schule als in sich selbständiger Gestaltungsbereich innerhalb des Gesamtorganismus und schließlich die Regelung der Vergütungsverhältnisse in freier Weise – alles das läßt sich durchaus in einem einheitlichen Organismus zusammenfassen[6].

Es sei aber betont, daß es als ein lohnendes Ziel aufgefaßt werden kann – ganz im Sinne der Realisierung von Gedanken und Impulsen im Sinne der sozialen Dreigliederung –, das bisher for-

schulverein. Wie ist ihr Verhältnis zu denken? in «Erziehungskunst», Heft 11/1982.

5   Hans Hasler: Neue Rechtsformen für neue Gemeinschaften. In: «Das Goetheanum», Nr. 7/1980.

6   Ich beziehe mich hierzu auf die Ausführungen von Benediktus Hardorp: Die freie Schule als einheitlicher Rechtsorganismus: Neue Rechtsformen für neue Gemeinschaften? In «Das Goetheanum», Nr. 42/1980. Auf die Ausführungen Hardorps hat dann H. Hasler nochmals erwidert in «Das Goetheanum», Nr. 51, 52/1980.

mell noch bestehende Anstellungsverhältnis des Lehrers an einer Waldorfschule in den Status eines in Selbständigkeit Tätigen umzuwandeln. Das aber ist keine Sache der «Proklamation», sondern ein Weg, der in zäher Kleinarbeit von Menschen, die dazu bereit sind, vorgebahnt werden muß und der in nicht zu ferner Zukunft vielleicht als realistische Möglichkeit vorgestellt werden kann.

Man kann feststellen, daß das Streben in der deutschen Schulbewegung im Laufe der Jahre wachsend in der Richtung eines Verständnisses des Gesamtwesens Schule als *eines zwar vielfältig gegliederten, aber doch einheitlichen Organismus* sich entwickelt hat. Es entstehen beim Abfassen von Satzungen für die Schulvereine immer mehr Formulierungen mit Hinweisen auf den Gesamtzusammenhang, d. h. es wird auch die Funktion des Lehrerkollegiums angesprochen und ebenso die des Elternvertrauenskreises. Das scheint eine gute Entwicklung zu sein im Sinne einer Benutzung der Satzung als mehr oder minder ausgeformter Beschreibung aller wesentlichen Lebensvorgänge im reich gegliederten Zusammenhang. – Selbstverständlich aber kann es auch dabei bleiben, daß man bei solch einer Satzung sich auf ganz wenige rechtliche Grundmomente beschränkt (Vorstand, Mitgliederversammlung) und alle anderen Lebensvorgänge mehr in der freien Handhabung beläßt, was aber nie zu einer Unverbindlichkeit führen darf. Eine gewisse, zumindest in Protokollnotizen oder Geschäftsordnungsbeschreibungen niedergelegte Formulierung über die einzelnen Initiativbereiche, Gremien und Zuständigkeiten sollte doch bestehen im Interesse einer Bewußtseinshilfe und Durchschaubarkeit für alle Beteiligten.

Der Mantel eines Vereins ist nach dem deutschen Vereinsrecht sehr weit dehnbar. (Man kann in ihm sogar wesentliche Elemente einer Genossenschaft realisieren, ohne sogleich eine Genossenschaft im Sinne des Genossenschaftsrechts zu begründen.) Nur sehr wenige Erfordernisse sind für den Verein nach dem deutschen Recht zwingend vorgeschrieben. Alle denkbaren und gewünschten Binnendifferenzierungen, insbesondere die oft erwähnte «Autonomie» des Lehrerkollegiums, sind ohne weiteres einbringbar in die Satzung des eingetragenen Vereins. Eine einzige Bestimmung in der Satzung etwa derart, daß die Wahrnehmung der pädagogischen Aufgaben Sache des Lehrerkollegiums sei, das sich hierfür seine eigenen Ordnungen gebe, genügt.

Wenn man dann die Vertretung des Lehrerkollegiums den Unterrichtsbehörden gegenüber festlegt, so bleibt es mehr oder minder eine Geschmacksfrage, ob man das so ansieht oder formuliert, daß das Lehrerkollegium insoweit unmittelbar Rechte des Schulvereins wahrnimmt, oder ob es sich dabei um eine Ermächtigung durch den Schulvereinsvorstand handelt. In der praktischen Auswirkung auf die Lehrer-Selbstverwaltung besteht darin kein Unterschied. Mir scheint, daß vom Wesen der Sache her kein Anlaß dazu besteht, hier einen Unterschied in Grundsatzfragen konstruieren zu wollen. Einerseits bleibt es – in der einen Schicht gesehen – immer richtig, daß das Lehrerkollegium aus seinem geistigen Auftrag heraus sich unmittelbar selbst vertritt (also nicht etwa aus abgeleitetem Recht). Auf der anderen Seite ist es – in einer anderen Schicht beobachtet – genauso richtig, daß die Gesamterscheinung der Schulgemeinschaft sich im Bild des Vereins verdichtet und daß alle nach außen gerichtete Handlungsvollmacht auf den Vorstand des Vereins bezogen werden kann. In einem überblickenden Gesamtverständnis widersprechen sich beide Anschauungsweisen nicht.

Das Leben zeigt im übrigen, daß nur selten die realen Verhältnisse mit einer dem ideellen Bilde voll entsprechenden Ausgewogenheit sich darstellen, zumindest sieht der Beginn oft anders aus: Nach der Schicksalskonstellation ihres Entstehens gibt es typische «Lehrerschulen» und ebenso «Elternschulen». Es kommt nun aber gerade darauf an, sich im Fortgang – ohne Verleugnung der individuellen Wesenseigentümlichkeit – auf eine «mittlere Gestalt» hin zu entwickeln, d. h. dem anderen, zunächst schwächeren Element den Entfaltungsraum zu ermöglichen.

Das Entscheidende und gewiß im ersten Anblick recht Eigenartige ist aber dieses: es gibt zwischen Schule und Schulverein kein «über» und «unter» dem anderen Stehen. Das Kollegium steht nicht über dem Vorstand, der Vorstand nicht über dem Kollegium. Beide haben bestimmte, aber eben verschiedene Aufgaben, die zur eigenverantwortlichen Initiative berechtigen und verpflichten. Etwas von dieser Unterschiedlichkeit zeigt sich darin, wie sie sich bilden: das Lehrerkollegium kooptiert, wenn auch in sorgfältiger Abstimmung mit den Belangen der Gesamtheit; der Vorstand wird von der Gesamtheit aller Beteiligten gewählt. Die «oberste Instanz» im Schulorganismus, sozusagen die Ich-Funktion, kann nicht in *ein* Organ eingehen[7], sie lebt essentiell in allen. Sie stellt sich dar als das (jedermann in Freiheit zugängliche) Vermögen, Ideen zu bilden und die übergreifenden Ideen zu empfangen und in diesem Prozeß mit anderen Menschen zu kommunizieren.

Der Vorstand des Schulvereins ist also nicht Vollstreckungsorgan des Lehrerwillens, das wäre unangemessen. Umgekehrt gilt selbstverständlich das gleiche. Es gibt in der Konsequenz in jedem Bereich nur ein Handeln aus Einsicht und aus Verantwortung. So gibt es schließlich doch wohl keinen formellen Schutz vor der (immerhin denkbaren gelegentlichen) Kollision. Es gibt nur das Korrektiv der Einsicht aller Beteiligten, eben die Einsicht in das, was im vorliegenden Fall angemessen und was möglich ist. Meine persönliche Auffassung geht dahin, daß (gewiß vorstellbare) Schiedsverfahren in einem unterstellten Konflikt zwischen Kollegiumsmehrheit und Vorstandsmehrheit wohl äußerlich weiterhelfen könnten (ebenso wie Mehrheitsentscheidungen im Kollegium oder im Vorstand in einer Engpaßsituation eine resignative Fortbewegung ermöglichen), daß das aber – gewiß etwas scharf gesagt – immer eine Bankrotterklärung im Vergleich zum eigentlich Erforderlichen wäre. Es gibt aus der Sache heraus nur das Sich-gegenseitig-Ertragen im sozialen Prozeß und die Möglichkeit einer gleichwie gearteten eigenen Entscheidung, die keinem Gremium genommen werden darf. Im Grunde dürfte ein Schiedsgremium höchstens raten und vermitteln, nicht aber entscheiden.

So gäbe es dann auch eigentlich keine formelle Hilfe, wenn etwa ein vom Kollegium für die Vorstandswahl vorgeschlagener Lehrer von der Mitgliederversammlung nicht gewählt würde. In derartigen Konfliktfällen (die hier ja nicht erwähnt werden, um sie herbeizudiskutieren, sondern weil sich gerade an Grenzsituationen etwas von den tieferen Bildeprinzipien einer Gemeinschaft ver-

7 Ich vermeide hier bewußt Vergleiche mit dem leiblichen Organismus des Menschen (Herz, Haupt oder dergl.), weil das – so scheint mir – doch nur zu «Schichtenurteilen» führen würde, die im Interesse einer ganzheitlichen Betrachtung schließlich doch zu modifizieren wären.

deutlichen läßt), – also in solchen denkbaren Vorgängen gibt es sinnvollerweise wohl nur das Anschauen der «Panne», ein Leben mit ihr und ein Erforschen der tieferen Ursachen für dieses Nichtfunktionieren im Gesamtorganismus, das ein sozialer Erkrankungsprozeß ist (ein Auseinanderfallen der «Schichten»). Ein langsames Heilen im Fortschreiten wird sich immer dann einstellen, wenn die moralische Kraft groß genug ist, den *eigenen* Schuldanteil an der (zumeist) allseitigen Schuld vordringlich zu ergründen.

Warum aber gibt es in der Praxis der Waldorfschule doch weit weniger Konflikte (natürlich immer noch genug!), als bei dem ausgeprägten Individualismus, bei der berechtigten Betonung des Freiheitsmotives und bei der ebenso «subjektiv durchwachsenen» Verfaßtheit wohl fast aller Beteiligten zu erwarten wäre? Es lebt eben doch als Impuls mehr oder minder bewußt in allen eine Geneigtheit zur «Sachnähe». Es ist die gemeinsame Bemühung um die Erziehung und Förderung der Kinder und Jugendlichen und in diesem Sinne die Bemühung um die Grundlagen der Waldorfpädagogik, was die eigentliche Würze in das Zusammenwirken der beteiligten Menschen hereinbringt.

Vom sozialen Instrumentarium
oder:
Die Kunst, rechtens miteinander umzugehen

I

Von Menschen, die der Waldorfschule gegenüber wenig freundlich gesonnen sind, aber auch von wohlmeinenden, wird gelegentlich geäußert, es fehle dieser Schule an sozialen Gestaltungsfähig-
keiten; vor allem fehlten ihr angemessene Verfahren zur Konflikt-
bewältigung. Hin und wieder spielt dabei eine durchaus begreif-
liche, wenn auch die Sache noch nicht in ihrer Tiefe treffende
Enttäuschung von Menschen mit, die anfänglich mit großer Begeisterung an die Waldorfschule herankamen, dann aber erfahren
mußten, daß diese Schule in mancher Hinsicht nicht den Erwartungen und Idealen entspricht, die ihr Selbstverständnis ausma-
chen. Das alles wirft Fragen auf, deren zumindest relative Berechtigung man auch als «Insider» – mitverantwortlich im Handlungszusammenhang stehend – anerkennen kann.

Es gilt dabei, sich dem schlichten Gedankengang zu stellen, daß
das, was etwa für jeden Lehrer bei der Vorbereitung auf den
Unterricht gilt, auch für die soziale Seite der Schule seine Geltung
hat. Muß doch der Lehrer sich immer erneut in das betreffende
Stoffgebiet und in seine vielleicht schon während früherer Unter-
richtsepochen gesammelten Unterlagen einarbeiten, wenn seine
Arbeit wirklich *Erziehungskunst* sein soll. Der Lehrer ist hier nur
als besonders signifikantes Beispiel erwähnt, Entsprechendes gilt
für wohl alle Menschen und (nicht rein mechanische) Tätigkeiten.
Noch viel weniger als in der Wissensbeherrschung und in der
Fähigkeit, Wissen anderen sinnvoll zu vermitteln, gibt es im Sozialen ein konserviertes «Haben». Selbst derjenige also, der sich
selbst von dem hier angesprochenen Thema nicht eigentlich als
betroffen empfinden muß, wird sich diese Empfindung nur dann
gestatten wollen, wenn er nicht aufhört, selbstkritisch darüber
nachzudenken, wie es ihm am fruchtbarsten gelingen mag, seine
Intentionen mit Hilfe einer beweglichen «moralischen Phantasie»

und einer praktikablen «moralischen Technik»[1] in die soziale Wirklichkeit zu übertragen.

Alle sozialen Vorgänge in der Waldorfschule sind auf kollegiale Prozesse hin angelegt. Das schafft einen großen Freiraum für individuelle Betätigung. Dennoch bedarf auch die freie Schule einer eindeutigen Leitung, und es geht nicht ohne eine bestimmte, für alle Beteiligten verbindliche Verfassung. Geistesleben ist ja seinem innersten Wesen nach niemals rücksichtsloses Ausleben von Individualismus, es will in ihm keine Willkür herrschen. Es setzt sich aus sich selbst heraus Ordnungen und findet angemessene moralische Verhaltensweisen, wenn es durch die Fähigkeiten von Individuen in der menschlichen Gemeinschaft fruchtbar wirken will. So hat sich von Anfang an in der Waldorfschule ein erkennbares Verfassungselement herausgebildet, in den ersten Jahren wesentlich gefördert durch die Anregungen, die unmittelbar von Rudolf Steiner ausgingen. Über die Gliederung der Zusammenarbeit der Lehrer in Konferenzen, über die Art des Zusammenwirkens der Eltern und Lehrer in der größeren Schulgemeinschaft (Schulverein, Elternvertrauenskreis usw.), über das in allem wirkende Prinzip «republikanisch, nicht (einseitig) demokratisch» ist bereits an anderer Stelle gesprochen worden[2].

Hier geht es um die spezielle Frage, ob über das auf diesem mehr als sechzigjährigen Entwicklungsweg Gewonnene hinaus, das sich im großen und ganzen in der Praxis durchaus bewährt hat, noch weitere Organbildungen erfolgen sollten. Das intensive Größenwachstum der Waldorfschulbewegung in den letzten 15 Jahren mit der Folge einer sehr verbreiterten Verzahnung mit allem übrigen öffentlichen Leben fordert zu einer solchen Fragestellung gebieterisch heraus. Eine sehr große Anzahl von Lehrern kommt ganz neu an die Waldorfschule heran; gleich ob sie aus staatlichen Ausbildungen oder von staatlichen Schulen kommen oder ob sie zuvor ein Waldorflehrer-Seminar besucht haben: eine realistische Erfahrung mit den Lebensvorgängen in einer Waldorfschule ist nur sehr begrenzt vorab zu vermitteln. Zugleich wächst die Schar

1 Um es in der Sprache des 12. Kapitels der «Philosophie der Freiheit» (Rudolf Steiner) zu sagen.
2 Siehe die vorangegangenen Kapitel 2, 3 und 4.

der Waldorf-Eltern außerordentlich, denen gleichfalls eine auch nur annähernde Erfahrung mit den für die Waldorfschule notwendigen Handhabungen zunächst noch abgeht.

Haben sich aber noch keine erfahrungsgesättigten, wirklich tragenden Lebensgewohnheiten gebildet und fehlt es möglicherweise auch noch am ausreichenden ideellen Unterbau, so besteht sehr wohl die Gefahr einer Überfremdung des eigenständigen Waldorfelementes durch voreilige Anleihen bei für diese Schule nicht passenden, anderen Bereichen entlehnten Ordnungsprinzipien. Auch die Gegengefahr ist nicht gering zu achten: Schafft sich Waldorfschule nicht von Generation zu Generation neu aus ihren geistigen Grundlagen, wird sie nicht aus sich selbst heraus immer erneut jung, so könnte sie die Stimme der Zeit, die aus den täglich herantretenden Menschen spricht (oft allerdings unklar artikuliert), überhören. Auch in gewisser Weise zeitlos Gültiges bedarf sich wandelnder und sich vertiefender Gesten, um sich zeitgemäß verkörpern zu können.

Wie soll sich die Waldorfschule in diesem Kräfteringen verhalten? Wohl niemand wird einen geeigneten Weg in einem sich immer mehr ausdehnenden und ausgefeilteren Satzungselement erblicken. Alle bisher gemachte Erfahrung spricht vielmehr dafür, daß es *in erster Linie* darum geht, das Bewußtsein der Menschen für die inneren und äußeren Bedingungen der Waldorfpädagogik zu wecken und die ihr dienlichen Formen im konkreten Umgang miteinander neu zu entdecken und zu entwickeln. Heißt das aber nun im Blick auf manche Sorgen, daß man schlechthin auf ein Mehr an Organen oder Formen verzichten und alles dem freien Spiel der Kräfte überlassen sollte?

Es ist dabei auch zu bedenken, daß die Waldorfpädagogik keine Angelegenheit für einen selektierten Kreis von bereits eingeführten Menschen ist, sie intendiert ihrem inneren Gehalt nach ein freies Bildungsangebot an alle an ihr Interessierten. So ist es voll berechtigt, sich der Waldorfschule mit einem zunächst noch unbestimmt fragenden Gefühl zu nähern, um erst im Verlauf des Umgangs mit ihr zu einer stärkeren Positivität und gewissen Einsicht in die Sachzusammenhänge vorzudringen. Daß ein schließliches Sich-Identifizieren mit anthroposophischen Gedankeninhalten von den Eltern niemals verlangt werden kann ist selbstverständlich, sei aber noch einmal ausdrücklich betont. Dieses Moment eines Freilassens bezieht sich nicht nur auf die geistigen Grundlagen der Waldorfschule. Es bezieht sich ebenso auf die sozialen Atmungsvorgänge zwischen den Menschen in der größeren Schulgemeinde, die sich in rein formeller Hinsicht, aber auch auf der besonders wichtigen Ebene des seelischen Erlebens als eine Art Rechtsqualität darstellen.

Hierbei entsteht nun ein interessantes Verhältnis der Wechselbezüglichkeit im Geben und Nehmen. Die Eltern müssen sich Schritt für Schritt ein Gespür erwerben für die für eine Waldorfschule – als freie Schule höchst eigenständiger Art – erforderlichen Lebensformen. Umgekehrt müssen die Menschen, die für eine Waldorfschule primär verantwortlich sind (Lehrerkollegium, Vorstand eines Schulvereins u. a.) eben in besonderer Weise darauf achten, daß die eigenen Gepflogenheiten auch voll den allgemeinen Rechtsempfindungen genügen. Und im Hinblick auf dieses Letztere kann man feststellen, daß der Mensch des ausgehenden 20. Jahrhunderts ein anderes und vertieferes Rechtsbewußtsein mitbringt, als es der Mensch um 1900 und bis in die 20er und 30er Jahre, häufig noch bis in die Jahrhundertmitte hatte. Vielleicht handelt es sich bei diesem Unterschied nur um Nuancen, diese aber können entscheidend sein und stellen sich als eine ganz neue (schlicht durch Geburt mitgebrachte) Qualität einer sich entfaltenden Sozialreife dar. Es ist die Generation, die – gleich an welcher Stelle die jungen Menschen damals innerlich und äußerlich standen – 1968/69 in etwa im Studentenalter war, die heute die Waldorfelternschaft überwiegend prägt.

So sei die Überzeugung geäußert, daß der historische Ort der Waldorfschulbewegung neue Ansätze fordert, wie den Zeitforderungen entsprochen werden kann: und zwar nicht durch Anpassung an von außen kommende Fremdelemente, sondern durch eine Besinnung auf die im Schoß der Waldorfpädagogik enthaltenen und noch nicht ausreichend erschlossenen sozialen Impulse. Wir sagen: einerseits und gewiß primär sind die Quellen für das zu bildende und zu pflegende Vertrauen zwischen den Menschen ein zu vertiefendes Bewußtsein und das freie Spiel der individuellschöpferischen Kräfte. Zugleich aber stellt sich die ernste Frage nach einem lebensgemäßen Instrumentarium an aufgabegerechten Organen und sozialen Formen.

Wir machen uns noch einmal klar: Das selbstverständlich anzustrebende Ideal ist immer die Selbstheilung aus den gegebenen
Impulsen heraus im Rahmen der vorliegenden Formen durch individuelle oder gemeinschaftliche soziale Initiative. Würden alle
Beteiligten sich durchgängig auf der Höhe ihrer Möglichkeiten
befinden, so wären gewiß keine weiteren Veranstaltungen und
Einrichtungen nötig, um dort zu helfen, wo Schwierigkeiten auftreten, was ja ganz unzweifelhaft immer einmal wieder der Fall
sein wird. Wir haben jedoch aus der Erfahrung heraus davon
auszugehen, daß dieser anzustrebende Idealzustand nicht immer
und nicht überall einfach als gegeben unterstellt werden kann.

Hierzu sei aus einem in jüngster Zeit (1986) geführten Gespräch
berichtet. In einer Arbeitsgruppe im überörtlichen Zusammenhang, an der etwa 40 Eltern und Lehrer von den verschiedensten
deutschen Waldorfschulen teilnahmen, wurde im vertrauensvollen
Gedankenaustausch der hier anstehende Problemkreis erörtert.
Zwei der Teilnehmer vertraten nun deutlich die Auffassung, daß
weitere Organe zu den in der Schule normalerweise bestehenden
keinesfalls nötig seien, da diese zur Bewältigung von Schwierigkeiten ausreichten. Nun war es aber so, daß beide aus Schulgemein-
schaften heraus sprachen, in denen aus der jeweils gegebenen
Situation der bekundeten Auffassung nur zugestimmt werden
konnte. In einem der Fälle steht in einer noch sehr jungen Schule
eine Persönlichkeit als Gründungslehrer/in zur Verfügung, die
durch ihre Sacherfahrung und Lebensreife eine heilsame Autorität
ausstrahlt (einfach durch Anwesenheit, nicht durch autoritäres
Verhalten), die es verhindert, daß gravierende «Pannen» entstehen. Im anderen Fall handelt es sich um eine große, schon lange
bestehende Schule, die ein recht frisches, jugendlich bis «mittelal-
terliches» Kollegium hat, das seit Jahren in einer nüchternen und
herb-freundschaftlichen Art miteinander umzugehen gewohnt ist.
Hier werden etwa anfallende Probleme schnell gesehen und in
erfreulicher Sachlichkeit und Rationalität auch zügig angegangen.
Für den größeren Teil der Teilnehmer dieses Gruppengespräches
sah es aber vor Ort doch deutlich anders aus. Und man darf sagen,
daß es sich bei den verschiedenen weiteren Sprechern erkennbar

um Menschen handelte, die, wenn sie von ihren Sorgen und schwierigen Erfahrungen berichteten, sich dabei sehr bemühten, keinen Schatten auf «ihre» Schule fallen zu lassen. Man sprach verschlüsselt, der Helferwille war unverkennbar, es lag alles andere als Querulantentum vor.

Es kann sich insgesamt ein Bild ergeben, welches zeigt, daß die Realität zwar keinesfalls primär von Konflikten im eigentlichen Sinne, also von wirklich aufs Äußerste zugespitzten Situationen bestimmt wird. Weit überwiegend handelt es sich bei den Schwierigkeiten im Zusammenwirken von Menschen in der Schulgemeinschaft eher um «ein wenig Sand im Getriebe» des Umganges miteinander, was aber schon belastend genug für beide jeweils betroffenen Seiten sein kann. Und das ist dann nicht förderlich für das Eigentliche, was mit Hilfe aller Beteiligten zu geschehen hat, nämlich ein umhüllendes und tragendes Klima für das pädagogische Geschehen (zu Hause ebenso wie im Klassenzimmer) zugunsten des Schülers herzustellen.

Um was geht es denn konkret? Das ist «ein weites Feld» – aber es lassen sich doch typische Beispiele anführen. Bei an das Lehrerkollegium gerichteten Fragen, auch bei Anliegen, die etwas von dem Moment einer Beschwerde oder dergl. an sich haben, fehlt es häufig am klar erkennbaren Ansprechpartner; eine Antwort bleibt oft aus und wird auch nach erneuter Anfrage nicht eindeutig und vor allem nicht durch bestimmte autorisierte Vertreter gegeben. Oder es fehlt an einer ausreichenden Begründung, gegebenenfalls auch an der Bereitschaft, ein ganz offenes und sachlich vertiefendes Gespräch darüber zu führen. Vieles «verschwebt» auf diese Weise «im Allgemeinen», es entsteht wohl auch der Eindruck, daß «gemauert» wird.

So etwas ist – hier gewiß in etwas abrupter und daher teilweise ungerechter Verkürzung gesagt – häufig die Realität des Alltags, für die es im Einzelfall verständliche Erklärungen und Gründe geben mag; vieles beruht auch einfach auf Mißverständnissen. Wie aber auch immer: die reale Situation ist oft von beachtlicher Unklarheit gekennzeichnet.

Und was die unmittelbaren Gespräche von Mensch zu Mensch – dieses notwendige Lebenselement der Waldorfschule – angeht, so muß man erfahren, daß in vielen Fällen dieser Weg (etwa zwischen

Klassenlehrer und einzelnen Eltern) eben nicht ohne weiteres begehbar ist, zumindest wird er tatsächlich nicht beschritten. Es steht uns nicht zu, die Gründe dafür zu generalisieren und mit einseitigen Schuldzuweisungen zu versehen. Die unterschiedlichsten Faktoren können mitwirken, auf seiten der Eltern ebenso wie auf der der Lehrer. Ein Lehrer empfindet etwa, daß ihm ohne Sachkompetenz in seine Berufstätigkeit «hereinregiert» werden soll; oder Eltern fühlen sich belehrt wie Schüler und als Gesprächspartner nicht ernst genommen. Neben beiderseitigem oder einseitigem Ungeschick, Einfaches oder Kompliziertes im Gespräch taktvoll anzugehen, können kurzschlüssige und sachfremde Erwartungen oder Forderungen von seiten der Eltern sehr ungünstig wirken. Ebenso kann auf Lehrerseite eine Empfindlichkeit gegenüber (berechtigter oder unberechtigter) Kritik gesprächshemmend sein. Oder ein junger Lehrer, der noch unsicher ist, kann unter Umständen vor intensiveren Gesprächen mit – eventuell sehr lebenserfahrenen – Eltern ausweichen; oder er kompensiert seine Unsicherheit im Klassenelternabend durch überwiegenden Vortragsstil, was dann auch leicht bis auf die Ebene des persönlichen Gesprächs durchschlägt. So könnte man noch manche Situationen schildern, in denen ein direktes Gespräch abgelähmt wird, ja in denen die Beteiligten oft in Sprachlosigkeit nebeneinander herleben. Gibt es dann einen konkreten Anlaß, wo (im Interesse des Kindes) eigentlich ein Gespräch geführt werden *müßte*, so ist die Brücke nicht da oder sie bricht nach einem ersten (vielleicht ungeschickten) Versuch, sie zu beschreiten.

Wenn man dies alles unbefangen auf sich wirken läßt, so muß man sich fragen: Wo stehen wir aufs Ganze gesehen mit der Schulbewegung? Nicht im Blick auf einen vielleicht gerade akuten krassen Ausnahmefall, aber auch nicht Sich-zur-Ruhe-setzend, weil es gewiß eine beträchtliche Anzahl von Orten gibt, wo die Dinge sozusagen im Lot sind. Allerdings muß man hinzufügen, daß es gelegentlich gerade die Orte bzw. Gemeinschaften sind, die einer unvoreingenommenen und kritischen Selbstwahrnehmung dringend bedürften, die meinen, bei ihnen «sei die Welt ganz in Ordnung».

Eines jedenfalls kann ganz generell gesagt werden. Die heutige Größenordnung der Waldorfschulbewegung erfordert, daß nicht mehr ausschließlich aus den ungeschriebenen, wenn auch vielleicht besten Lebensgewohnheiten heraus gehandelt werden kann. Für das Bewußtsein des heutigen Menschen, hier bezogen besonders auf die Elternschaft, ist es unerläßlich, daß im Leben der Schule klar erkennbar ist, welche Wege man im einzelnen mit seinen Anliegen beschreiten kann. Aus dem Schulvertrag (oder einer ihm beigegebenen Schulordnung) sollte eine exakte Wegbeschreibung über die Möglichkeiten, sich Auskünfte zu holen, sich Fragen beantworten zu lassen und dergleichen, hervorgehen. Man darf sich hier nicht scheuen, gewisse Dinge auch in einer nüchternen Direktheit auszusprechen. Mit einem Wort, es muß ein transparenter Weg erkennbar sein im Sinne einer Verfahrensordnung. Aus ihr muß sich ergeben, an wen bzw. an welche Stelle man sich mit bestimmten Fragen wenden kann; es muß auch klar erkennbar sein, innerhalb welcher Frist man mit einer verbindlichen Antwort rechnen kann und was man tun kann, wenn das nicht geschieht usf. Die auf diesem Sektor oft bestehende «Nebelwirkung», die zumeist keinesfalls auf «böser Absicht», sondern auf dem Überwiegen ungeschriebener Gewohnheiten und einem fortdauernden Improvisationselement beruht, dient nicht einer sozialen Verträglichkeit; sie wirkt leicht «kränkend». Es muß also in einfachster Form eine Art Verfahrensordnung (nicht eigentlich in Form von Paragraphen oder dergl., sondern in wenigen schlichten Sätzen beschreibend) bestehen.

Man sollte an dieser Stelle nicht einwenden, daß damit (mit einer solchen Ordnung) von vornherein ein Schwächeeingeständnis gegeben sei. Ja, daß man dadurch vielleicht Schwierigkeiten erst herbeirede, während in Wirklichkeit das direkte Gespräch zwischen den Menschen ganz klar das einzige Sinnvolle und für jedermann ohne weiteres Zugängliche sei. Dieser Einwand aber, so treffend er gewiß auf das anzustrebende Ideal deutet, ließe die heute in positiver Weise bestehenden Rechtsempfindungen ebenso unberücksichtigt wie den faktisch immer wieder auftretenden Widerspruch zwischen Ideal und sozialer Realität, was die Möglichkeiten eines guten unmittelbaren Kontaktes in beiden Richtungen betrifft. Und man darf auch sagen: «läuft es» im Alltag des Schullebens von selber überall richtig, so kann man die gesetzte Ordnung schlicht vergessen, niemand wird sich daran festklammern. Sie ist eben nur eine in Freiheit vereinbarte Hilfe für die Fälle, wo es «holpert».

Als einen möglichen Weg zur Vermeidung von sozialen Engpässen kann auch folgendes in Erwägung gezogen werden. Wie bereits mehrfach betont, beruht ja ein wesentlicher Teil der Mißverständnisse und auftretenden Konflikte in einer Schulgemeinschaft – zwischen Lehrern, zwischen Lehrern und Eltern, zwischen Lehrerkollegium und Schulvereinsvorstand usw. – darauf, daß, wer zu informieren war, nicht rechtzeitig informiert wurde, oder, wer vor einer Entscheidung hätte gehört werden sollen, nicht rechtzeitig gehört wurde. So kann es ratsam erscheinen, in den einzelnen Konferenzen des Lehrerkollegiums, in den Sitzungen des Schulvereinsvorstandes, auch in den Zusammenkünften des Elternvertrauenskreises neben dem jeweiligen Konferenz- oder Gesprächsleiter eine Persönlichkeit (auf Zeit) mit dem Amt zu betrauen, ihre besondere Aufmerksamkeit darauf zu lenken, ob der jeweils zur Beratung oder zur Entscheidung anstehende Punkt nicht noch zuvor mit einem anderen Gremium beraten werden müßte. Man wird in allen diesen Gremien sicher oft denken: «Ja, was soll das viele Gerede schon vorher mit den Eltern oder dem Vorstand usw., die dem betreffenden Fragenzusammenhang doch noch sehr fern stehen. Bevor wir nicht selbst unsere Intentionen deutlicher abgeklärt haben, führt es zu nichts Ersprießlichem, wenn wir etwas Unausgereiftes schon in weiteren Gremien zerreden lassen.» Solche Erwägungen sind aber nicht immer zutreffend, häufig scheut man einfach bestimmte soziale Anstrengungen; manches Mal beruhen sie auf einem folgenschweren Irrtum, (vermeidbare) Gegenkräfte werden geweckt. Was man vielleicht zuvor (vor der eigenen Entscheidung) an Zeitverlust sich einhandelt, das gewinnt man im nachhinein in reichster Weise wieder. Denn was so schließlich in eine abschließende Beratung und in die Entscheidung selbst einfließen kann, das ist wirklich durch einen allseitigen sozialen Prozeß hindurchgegangen und wird von einem größeren Zusammenhang innerlich getragen.

Jede Schule, die aus dem Stadium des ersten Aufbaus heraus ist, darf nicht ohne weiteres damit rechnen, daß die schöne Unmittelbarkeit und Vertrauensstimmung des Anfangs ein völlig ungebrochener Dauerzustand bleibt. Also im Grunde jede Schule wird nach einer gewissen Übergangszeit stärker auf gewisse Förmlichkeiten zu achten haben. Das ist für ein freiheitliches und dem Grundsatz der Gleichberechtigung aller Menschen Rechnung tragendes Lebensgefühl heute doch notwendig. Will man nun die Frage nach weitergehenden Möglichkeiten zur Bewältigung von Schwierigkeiten stellen, so wird man auf zwei verschiedene Typen zu blicken haben. Der eine ist ein Ad-hoc-Verfahren, von dem man zwar weiß, daß es dieses gibt, das man aber nicht ausdrücklich formalisiert und höchstens im extremen Fall als eine Art Notbremse betätigt. Der andere Typus sind auf Dauer getroffene Einrichtungen «im eigenen Haus» in Form von Vermittlungs- oder Vertrauensausschüssen oder dergleichen. Beginnen wir hier mit dem Blick auf den ersten Typus.

III

Man kann sich im Bedarfsfall an befreundete Persönlichkeiten um Beratung wenden. Zunächst ist dabei an Menschen innerhalb des eigenen Schulzusammenhanges oder in allernächster Nachbarschaft in nahestehenden Institutionen zu denken. Es kann Menschen mit einer gewissen Lebensreife und Sacherfahrung geben, die das Vertrauen aller Betroffenen genießen und mit denen man sich gemeinsam an einen «runden Tisch» setzt. So etwas ist häufig mit glücklichen Ergebnissen praktiziert worden. Allerdings zeigt sich in der Praxis zumeist, daß das Gewicht eines erteilten Rates um so größer wird, je weiter die räumliche Entfernung des Ratgebers vom Schauplatz des Geschehens ist. Das entspricht der ebenso verständlichen wie irrationalen Binsenweisheit, die aber doch ein wirksamer Sozialfaktor ist, daß «der Prophet im eigenen Land nichts gilt». Der gleichsam mehr von außen Hinzutretende hat es naturgemäß leichter. So werden denn in schwierigen Fällen häufig Freunde aus der Landesarbeitsgemeinschaft der Schulen oder – noch weiter entfernt – aus dem Zusammenhang des Bundes der Waldorfschulen als Berater gerufen. Ein besonderes Charakteristikum dieses Weges innerhalb der Gemeinschaft der deutschen Waldorfschulen ist es, daß im gegebenen Fall nicht eigentlich die betreffende *Institution* (Landesarbeitsgemeinschaft oder Bund) gerufen wird, sondern daß man sich an *Personen* wendet, die man aus der langjährigen vertrauensvollen Zusammenarbeit gut kennt und deren Sacherfahrung man zu schätzen weiß.

Wir wollen in diesem Zusammenhang einen Autor zitieren, der den Umfang und den inneren Gehalt einer solchen Beratung aus der Erfahrung in verwandten Lebensbereichen geschildert hat[3]. Diesen Ausführungen ist eigentlich kaum etwas hinzuzufügen: «Dabei ist auch daran zu denken, daß es oft gut ist, im Falle eines Konfliktes die Hilfe eines oder mehrerer Freunde herbeizuholen, wie wir das im alten Recht im Herbeiholen von Nachbarn und Sippenangehörigen kennengelernt haben. Auch hier kann man davon sprechen, daß unter uns mehr Mut dazu aufgebracht werden könnte, solche Hilfen Dritter in Anspruch zu nehmen, mehr Mut auch zu einem dazu notwendigen Vertrauen. Ein oder auch mehrere geeignete Unbeteiligte können nach Anhörung beider Seiten klarer sehen als die in Konflikte Verstrickten, und sie können, ohne ‹Richter› im Sinne des Urteilens oder Verurteilens zu sein, in eine Richtung weisen, in der man aus der Sackgasse, in der man gefangen ist, wieder ins Freie gelangt. Dazu bedarf es freilich der allseitigen Bemühung: um den guten nachhaltigen Willen zur Klärung, zur Konzentration, um den Sachverhalt wirklich zu erkennen; um die Einhaltung oder Wiederherstellung des inneren Gleichgewichtes in der Seele; aber auch der Bemühung um entschiedene Positivität, welche das Gute auch im ‹Gegner› aufsucht; und schließlich auch zur Unbefangenheit dazu, bisher nicht bedachte Aspekte in sich wirksam werden zu lassen.»

Wir wissen diesen Bereich als ein fruchtbares Element brüderlicher Hilfe im Bunde der Waldorfschulen durchaus zu schätzen. Wie gesagt: es gibt dabei kein geregeltes Verfahren, es gibt ausschließlich die freie Hinwendung von Einzelnen oder Gruppen aus einem bestimmten Gemeinschaftszusammenhang an vertrauenweckende Persönlichkeiten. Als Selbstverständlichkeit kann hinzugefügt werden, daß eine wirkliche Hilfe – im Sinne von

---

3 Fritz Götte in «Mitteilungen aus der anthroposophischen Arbeit in Deutschland», Michaeliheft 1962, in einem Studienbeitrag über das Thema «Eigene Gerichtsbarkeit», S. 175. Aus der gedanken- und faktenreichen Darstellung Göttes kann man wertvolle Anregungen gewinnen.

anzubahnenden Möglichkeiten für eine sinnvolle Weiterentwicklung – nur dann auf diesem Wege geleistet werden kann, wenn alle Beteiligten die Beratung selbst wünschen und nicht als Fremdbestimmung empfinden. Das Ziel solchen gemeinsamen Sprechens ist im Grunde immer eine Art Anruf an die Kräfte des Selbstheilens durch die Betroffenen. Man kann hierbei an die Konsultation eines Arztes durch einen Patienten denken, der sich in freier Selbstbestimmung seine Hilfe wählt, die auch nur dann sich produktiv auswirken kann, wenn der Patient seinen eigenen entscheidenden Beitrag zur Heilung leistet. Man wird dabei immer zu beachten haben, sowohl von seiten des Ratgebers als von seiten der zu Beratenden, daß der Ratgeber eben auch wirklich Ratgebender bleibt und nicht Bestimmender wird.

Auf eine weitere Möglichkeit der Beratung in schwierigen Situationen sei hier noch hingewiesen: Das Nederlands Paedagogisch Instituut (N. P. I.), aus anthroposophisch-heilpädagogischen Zusammenhängen hervorgegangen, betreibt seit den 50er Jahren von den Niederlanden ausgehend eine vielfältige Beratungstätigkeit. Aus dem Studium sozialer Gesetzmäßigkeiten sind hier bestimmte Verfahren entwickelt worden, die sowohl die psychologischen als auch die sachlichen Faktoren in menschlichen Gemeinschaften berücksichtigen. Man hat herausgearbeitet, wie bestimmte Gesetze in der «Pionierphase» eines institutionellen Organismus wirken, wie dann Wandlungen auftreten im Übergang zu einer folgenden «Differenzierungs- oder Organisationsphase» und wie schließlich die Wirksamkeiten in einer weiteren Phase ein dynamisches System entstehen lassen. Zwar sind diese Methoden bisher überwiegend in ausgesprochenen Wirtschaftsbetrieben angewandt worden, aber auch Waldorfschulen (die ja ebenfalls eine bestimmte betriebliche Struktur haben) haben in Einzelfällen dieses Institut zur Beratung hinzugezogen. Wer eine positive Beziehung zu diesen bewährten Methoden aufnehmen kann, wird auf diesem Wege gewiß wertvolle Hilfen und Anregungen erfahren können. Selbstverständlich gilt auch hier das bereits oben Gesagte, daß solche Hilfe nur dann akzeptabel ist, wenn das Unabhängigkeitsmoment sowohl beim Ratgeber als auch beim zu Beratenden gegeben ist.

IV

Nun soll auf die oben als zweiter Typus gekennzeichneten «Einrichtungen im eigenen Haus» geblickt werden. Einige Schulen haben in den vergangenen Jahren bereits Erfahrungen mit Gremien gemacht, die man als Vermittlungs- oder Vertrauensausschüsse bezeichnen kann. Es handelt sich dabei nicht um Gremien, die über etwas zu entscheiden hätten, was andere an sich zuständige Einzelpersonen oder Gremien nicht zu einer befriedigenden Lösung führen konnten. Gedacht ist vielmehr an Folgendes: Bei Schwierigkeiten, die zwischen Eltern und Lehrern entstehen[4], kann eine kleine Gruppe von Menschen eingesetzt werden, bestehend etwa (als Beispiel) aus zwei Elternvertretern und zwei Lehrern, an die man sich wenden kann, wenn man mit seinen Anliegen und Sorgen bei dem unmittelbaren Adressaten (etwa dem Klassenlehrer, einem Fachlehrer, der Lehrerkonferenz oder dem Vorstand des Schulvereins) nicht angehört worden ist oder glaubt, eine unangemessene Behandlung seines Anliegens erfahren zu haben. Auch kann es vorkommen, daß sich etwa ein Elternteil – aus was für Gründen immer – scheut, sein Anliegen unmittelbar vorzutragen. Die Aufgabe des betreffenden Gremiums, das entweder als Ganzes oder durch einzelne Mitglieder den Betreffenden anhört, ist es dann, vermittelnd tätig zu werden; entweder kommt nun doch ein direktes Gespräch zustande, gegebenenfalls unter Mitwirkung des Ausschusses oder einzelner dieses Ausschusses; oder es ergeht die Bitte um vertiefte Begründung einer getroffenen Entscheidung, die noch nicht transparent genug war; oder man erbittet die Überprüfung einer Entscheidung etwa aufgrund neu vorgetragener Tatsachen (oder was sonst immer als Vermittlung denkbar ist). Selbstverständlich kann die Sache auch andersherum wirksam werden: ein Lehrer wendet sich mit der Bitte um Ver-

---

4 Natürlich gibt es auch Schwierigkeiten zwischen Lehrern und vielleicht auch einmal zwischen Eltern. Für solche Fälle gilt das weiter Ausgeführte nur in entsprechend abgewandelter Form und mit dem Unterschied, daß vermittelnden Gremien dann nur Lehrer oder nur Eltern angehören würden. Das ergibt sich aus dem Erfordernis, daß die Vermittler mit den anstehenden Fragen der Qualität nach durch eigene Erfahrung vertraut sein müssen.

mittlung an den Ausschuß, weil etwa ein Elternteil sich einem direkten Gespräch entzieht oder sich am Lehrer vorbei mit einem Anliegen an andere Eltern wendet.

Der gute Fortgang der Angelegenheit hängt nun sehr davon ab, welche Haltung der Adressat gegenüber dieser Art des Angesprochenwerdens einnimmt. Keineswegs sollte die Stimmung aufkommen: «Warum ist man nicht direkt zu mir gekommen, warum beschwert man sich» usw. Selbst wenn der Betreffende, sei es nun ein Lehrer, ein Elternteil, das Kollegium oder der Vorstand, keinen objektiven Anlaß dazu gegeben haben sollte, daß sich jemand mit seinen Problemen an den Vermittlungsausschuß gewandt hat, so wird man sich doch einem solchen «Verfahren» mit Offenheit und herzlicher Bereitschaft gegenüber zu verhalten haben. Vielleicht war man doch, wenn auch nur in ganz zarten, unbewußten Nuancen, der Mitverursacher des hier gewählten Weges. Entscheidend ist ausschließlich, daß es nun jedenfalls zu einem direkten Gespräch kommt oder kommen kann, was so geführt werden sollte, daß eben in Zukunft der direkte Weg sich von selber einstellt. Wechselseitiges Vertrauen kann zwar erhofft, bis zu einem gewissen Grad auch erwartet werden, niemals aber kann Vertrauen verlangt werden, wenn es noch nicht ausreichend da oder durch Vorfälle erschüttert worden ist. Wechselseitiges Vertrauen, das die Waldorfschule letztlich allerdings so sehr braucht wie die Pflanze das Sonnenlicht, ist etwas, das nicht statisch gegeben sein kann, sondern das im Prozeß immer erneut zu bilden ist. Und dieser Weg kann unter Umständen über die Vermittlung des genannten Gremiums gehen; er muß dann nicht als ein bedauerlicher Umweg verstanden werden, sondern einfach als der erste tastende, vielleicht noch etwas ungeschickte Schritt auf dem Weg zu einem zu gewinnenden oder wieder zu gewinnenden vollen Vertrauen.

In manchen Fällen kann schon allein durch die Möglichkeit, sich einmal mit einem positiv zuhörenden kleinen Menschenkreis gründlich auszusprechen, vielleicht dabei Klagen, Vorwürfe oder eventuell sogar Momente einer Verzweiflung «loszuwerden», eine deutliche Entspannung bei dem Betreffenden entstehen; und damit auch die Möglichkeit, an den Adressaten und an die betreffende Problematik ganz neu heranzutreten. Es bedarf keiner näheren

Begründung, daß der glücklichste Weg bei allen Schwierigkeiten immer der ist, wenn sich die Beteiligten unmittelbar offen aussprechen können. Es ist mit der Beurteilung von strittigen Fragen aber doch eine eigenartige Sache: Wer könnte sich schon erlauben zu behaupten, daß die eigene Auffassung sich mit der «Wahrheit» des betreffenden Falles absolut decke? Leicht mischen sich auch, jedenfalls im ersten Aussprechen, irgendwelche subjektiven Akzente in die eigene Argumentation mit ein, und das führt dann leicht zu schwer wieder aufarbeitbaren Verletztheiten. Gewiß kann es niemals das Ziel von menschlichen Auseinandersetzungen sein, sich mit schwächlichen Freundlichkeiten wechselseitig zu schonen, auch saftige Konfrontation kann beste Entwicklungsschritte einleiten. Die Gefahr aber, daß die Zusammenarbeit durch Konfrontation unnötig erschwert wird, liegt doch auf der Hand. Hier kann unter Umständen durch die Bereitschaft und Tätigkeit eines Gremiums geholfen werden.

Zum Aufgabenfeld eines vermittelnden Ausschusses kann es auch durchaus gehören, in einer bestimmten Situation *von sich aus* auf die betroffenen Persönlichkeiten oder Organe der Schulgemeinschaft zuzutreten. Man muß nicht unbedingt nur darauf warten, daß die betreffenden Menschen den Weg zu einem finden. Wenn man spürt, daß sich im Schulzusammenhang immer stärker eine Reibungsfläche bildet, die schließlich zu einem «Feuerausbruch» mit ernsten Folgen führen kann, so wäre es gewiß auch Aufgabe eines entsprechenden Kreises, hier eine Vermittlung anzubieten bzw. das Lehrerkollegium oder den Schulvereinsvorstand darauf aufmerksam zu machen, daß es unerläßlich sei, in der betreffenden Frage eine Initiative zu ergreifen. Diese hier angedeutete Aufgabenstellung darf keinesfalls mit Schnüffelei und indiskreter Einmischung verwechselt werden, was natürlich, wäre das der Fall, die Lage nur zusätzlich anheizen würde. Man wird sich aber doch sagen müssen, daß die Aufgabe, unbefangene und offene Wahrnehmungen für das Sozialklima der Schulgemeinschaft zu entwickeln, auch zu der Funktion eines solchen Kreises gehört. Aus den Beobachtungen kann dann möglicherweise der Impuls zu einer behutsamen Handlung erwachsen. Das jedenfalls sollte nicht als außerhalb des Verantwortungsfeldes eines derartigen Ausschusses angesehen werden.

Entsprechende Gremien (denkbar sind natürlich auch Einzelpersönlichkeiten) haben an manchen Schulen durchaus erfolgreich gearbeitet. Es hat sich gelegentlich aber auch herausgestellt, daß ein solcher – aufgrund einer bestimmten Krise ins Leben gerufener – Vermittlungsausschuß bei folgenden Vorfällen gar nicht mehr zugezogen wurde, obgleich sein Vorhandensein in der Schulgemeinschaft bekannt war. Das kann darauf beruhen, daß die Wirksamkeit eines solchen Gremiums damit steht und fällt, daß ihm Menschen angehören, die über soziale Fähigkeiten verfügen und die etwas ausstrahlen, das dazu verhilft, daß man sich ihnen gegenüber vertrauensvoll öffnen kann. Wird die Sache zu sehr nur verwaltungsmäßig gehandhabt, so ist zwar eine bestimmte Form gegeben, aber es fehlt ihr – selbst beim besten Willen der Träger dieser Form – etwas, was man nur in Annäherungswerten mit «sozialer Vollmächtigkeit» bezeichnen kann.

Die personelle Besetzung von verantwortlichen Gremien, besonders wenn es sich um die beschriebenen Aufgaben handelt, ist immer ein schwieriges Problem. Man kann hier nur auf die in Frage kommende Dimension hinweisen und muß von abstrakten Modellempfehlungen weitgehend Abstand nehmen. Wenn man einen entsprechenden Weg beschreiten will, muß man das eine oder andere versuchen und muß sich in angemessene Lebensformen hineintasten.

Eines kann man mit Sicherheit aussprechen: solche gemeinschaftlich (d. h. gemeinsam von Eltern und Lehrern) durchgeführten sozialen Versuche können nur im Geiste einer Absichts- und Voraussetzungslosigkeit gedeihen. Wenn von seiten der Eltern eine Neigung dabei mitschwingt, durch derartige Einrichtungen etwa das Lehrerkollegium bevormunden zu wollen, so ist der Mißerfolg schon einprogrammiert. Ebensowenig hilfreich, ja in sozialer Hinsicht destruktiv wäre eine Tendenz von seiten des Lehrerkollegiums, entsprechende Bemühungen durch Unverständnis und schlichtes Veto abzulähmen, wenn auf der anderen Seite sich im besten Sinne der Wunsch nach einer Gesprächsgemeinschaft (ohne Einschränkung dessen, was als die notwendige Autonomie des Lehrerkollegiums verstanden werden kann) artikuliert.

Es soll noch ein Einwand bedacht werden, der hin und wieder gegen die hier zur Erörterung stehenden Einrichtungen erhoben worden ist: Gremien mit einer ausschließlich negativen Funktion seien unangemessen, ein Ausschuß brauche irgendeine andere positive Aufgabe und könne allenfalls zusätzlich die entsprechenden Vermittlungsdienste leisten. – Diesem Gedanken wird man insofern voll zustimmen können, als gar nichts dagegen spricht, einem schon bestehenden oder neu zu errichtenden Organ auch andere als die gemeinten Aufgaben zu übertragen. Ob allerdings der Vorstand des Schulvereins in toto solche Aufgaben sinnvoll übernehmen könnte, kann bezweifelt werden. Der Vorstand des Schulträgers ist ja möglicherweise einer der Adressaten, dem gegenüber ein solches Vermittlungsgremium als Helfer angerufen wird. Dieses sollte also schon eine besondere Stellung im Handlungszusammenhang der Schulgemeinschaft haben – zwar nicht als bloßer Beobachter außerhalb, doch wohl mit einer gewissen Unbetroffenheit. – Auch wird man aus der Sache heraus sagen dürfen, daß die Aufgabe des Vermittelns und eines Bemühens um allseitiges Vertrauen, wie sie im Vorstehenden geschildert worden ist, keinesfalls als etwas Negatives verstanden werden kann. Auch der Arzt hat es immer nur mit dem kranken Menschen zu tun, aber er befindet sich doch ganz im Zentrum einer positiv aufbauenden Tätigkeit. Für den Helfer im Sozialen gilt das gleiche, hier würde er dazu helfen, daß eine Schule im Sinne ihrer innersten Aufgabenstellung funktionsfähiger arbeiten kann.

V

Im Hinblick auf den im vorangegangenen Abschnitt behandelten Vermittlungsausschuß sollen noch einige – teils mehr formale – Gesichtspunkte nachgetragen werden.

Man kann in der praktischen Durchführung die Funktionen und die Arbeitsweise eines solchen Gremiums sehr allgemein und vieles offen lassend beschreiben, man kann aber auch einen genauen Rahmen bestimmen. Man kann weiter das Gremium fest einrichten, man kann es aber auch nur grundsätzlich vorsehen und die personelle Besetzung dem konkreten Bedarfsfall überlassen. Die Art der Berufung der Mitglieder und die Dauer ihrer Tätigkeit ist in jedem Fall zu regeln. Was im Abschnitt IV beschrieben wurde,

geht eher von einem jedenfalls für einen längeren Zeitraum eingesetzten kleineren Kreis (zwei, drei oder höchstens fünf Personen)
von kollegial Gleichgestellten mit freier Arbeitsweise aus. Die
eigentliche Tätigkeit wird dabei mehr im vielleicht öffentlich kaum
zu bemerkenden Gedankenaustausch, im vertraulichen Anregen
und Vermitteln gesehen.

Es gibt aber naturgemäß sehr viele Möglichkeiten, die Sache zu
gestalten, vor allem wenn man geneigt ist, ein mehr offizielles
Verfahren einzurichten. Denkt man dabei an ein erst ad hoc zu
bestimmendes Gremium, so sind verschiedene Varianten denkbar.
Entweder benennt man vorab (vielleicht nur für eine gewisse Zeit-
spanne) den Vorsitzenden einer solchen Vermittlungsstelle und
überläßt es dann den jeweils betroffenen Seiten, im Bedarfsfall
Vertrauenspersönlichkeiten eigener Wahl als «Beisitzer» dem
«Leiter» hinzuzuwählen. Oder man sieht von einem solchen Vorsitzenden zunächst noch ab, benennt im konkreten Fall von beiden Seiten Vertrauenspersönlichkeiten, die dann gemeinsam sich
auf einen Dritten als Vorsitzenden einer Kommission zu einigen
hätten. Man kommt auf diese Weise schon ein Stück näher an in
vielen anderen Lebensbereichen bewährte Formen von Schiedsverfahren heran, die aber unter dem hier gewählten Ausgangspunkt
doch immer nur in der Funktion des Beratens und Vermittelns
(allenfalls des Erarbeitens eines bestimmten Vorschlages) – nicht
der des Entscheidens – verbleiben würden.

Der Vollständigkeit halber sei noch kurz der Typus des eigentlichen Schiedsverfahrens angesprochen. Ein solches Verfahren als
eigene Gerichtsbarkeit einzuführen, ist innerhalb eines Schulvereins durchaus möglich; die Voraussetzung für seine Wirksamkeit
ist aber die Bereitschaft aller Beteiligten, den Schiedsspruch auch
zu akzeptieren. Rein rechtlich ist jedenfalls, sofern die Vertrags-
partner (Schule und Eltern) sich bei Vertragsschluß einem solchen
Verfahren verbindlich unterworfen haben, ein Ausschluß des weiteren Rechtsweges im Falle der Kündigung von Schulverträgen
zulässig. Die Unterwerfungserklärung müßte allerdings in einer
besonderen Urkunde neben dem Schulvertrag erfolgt sein. Bei
allen Streitigkeiten, die ein Arbeits- bzw. Anstellungsverhältnis
betreffen, ist ein solcher Ausschluß des ordentlichen bzw. arbeits-
gerichtlichen Rechtsweges rechtlich nicht möglich.

Über die (im Abschnitt IV gegebene) ganz allgemein gehaltene Funktionsbeschreibung hinaus soll hier kein ausformuliertes Muster für ein solches vermittelndes Arbeitsgremium vorgelegt werden. Ich bin davon überzeugt, daß (wie bereits wiederholt ausgesprochen) jede Schulgemeinschaft ganz ihren eigenen Weg suchen muß, wenn sie überhaupt Schritte in dieser Richtung gehen will. Um aber einmal eine Vorstellung davon zu übermitteln, was – ganz bestimmte Fragen einbeziehend, andere (z. T. von mir behandelte) Bereiche nicht berührend – in einer Schule in Richtung auf eine stärkere Ausformung tatsächlich entstanden ist, wird im Folgenden ein Ausschnitt aus der Schulordnung einer deutschen Waldorfschule wiedergegeben[5]:

Regelung von Streitigkeiten

Die Waldorfschule ist eine Unternehmung, die sich selbst verwaltet, d. h. es gibt keine Weisungen «von Oben».
Konflikte, die zwischen Eltern und Lehrern entstehen (z. B. über Unterrichts- und Erziehungsmethoden), sollen vom Ältestenrat aufgenommen und von diesem geklärt und geschlichtet werden.
Der Ältestenrat besteht aus drei Mitgliedern des Lehrerkollegiums.
Konflikte aus der Handhabung des Schulvertrages werden vom Vermittlungsausschuß bearbeitet. In diesem Konfliktfall ist eine zweistufige Form der Regelung vorgesehen, nämlich:

> a) der Vermittlungsausschuß
>
> und
>
> b) die Schiedsstelle

a) Vermittlungsausschuß

Der Vermittlungsausschuß hat die Aufgabe, eine gütliche Einigung herbeizuführen, wenn aus der Handhabung des Schulvertrages, besonders der Punkte

> 6. Kündigung
>
> 7. Fristlose Kündigung
>
> 8. Beendigung des Schulverhältnisses

Meinungsverschiedenheiten entstehen.

---

5 Auszug aus der Schulordnung der Goetheschule, Freie Waldorfschule Pforzheim e. V.: Teil I, Regelung von Streitigkeiten; vom 22. Dez. 1982. (Abdruck im Einverständnis mit der Goetheschule.)

Ihm gehören drei Mitglieder an:
- ein Mitglied des Lehrerkollegiums
- ein Mitglied der Elternschaft
- ein Mitglied des Vorstandes

Die Wahl der drei Mitglieder erfolgt mit einfacher Stimmenmehrheit nach Beratung und Vorschlag im Lehrerkollegium bzw. der Elternschaft und dem Vorstand in der jährlichen Mitgliederversammlung für jeweils ein Jahr. Wiederwahl ist zulässig.

Der Vermittlungsausschuß gibt sich eine Geschäftsordnung.

b) Schiedsstelle

Die Schiedsstelle tritt nur nach Aufforderung durch den Vermittlungsausschuß in Tätigkeit, wenn im Streitfalle eine gütliche Einigung nicht erzielt werden konnte.

Die Schiedsstelle ist die letzte interne außergerichtliche Instanz. Ihre Entscheidung ist intern nicht mehr anfechtbar oder revidierbar.

Spätestens eine Woche nach fehlgeschlagener Vermittlung müssen beide Streitpartner je zwei Vereinsmitglieder ihres Vertrauens benennen, die zusammen mit den drei Mitgliedern des Vermittlungsausschusses unverzüglich die Schiedsstelle bilden.

Die Entscheidung der Schiedsstelle erfolgt mit einfacher Stimmenmehrheit der 7 Mitglieder.

Die Entscheidung soll innerhalb einer Woche nach Bildung der Schiedsstelle getroffen werden.

Die Schiedsstelle löst sich nach der Entscheidung auf.

Eine wieder anders aussehende Regelung enthalten die Richtlinien für den Vermittlungsausschuß einer anderen deutschen Waldorfschule. Dieser Ausschuß verdankt seine Entstehung dem Umstand, daß in bestimmten Fällen eine Kündigung des Schulvertrages seitens der betr. Schule nur nach einem formellen Vermittlungsverfahren ausgesprochen werden kann. Über dieses Verfahren hinaus aber steht der Ausschuß (bestehend aus drei Mitgliedern – nebst drei Ersatzmitgliedern –: je eines vom Lehrerkollegium, von der Elternschaft und vom «Beirat» bestimmt) auch zur allgemeinen Beratung zur Verfügung. Hierzu gebe ich einen Ausschnitt aus einem Schreiben dieser Schule wieder[6], das u. a. in sehr

6 Schreiben der Freien Waldorfschule Mannheim an alle Vereinsmitglieder vom Januar 1986. (Wiedergabe im Einverständnis mit der Mannheimer Schule.)

realistischer und m. E. überzeugender Weise die Aufgabenstellung einer derartigen Vermittlungstätigkeit beschreibt:

«Darüber hinaus bieten die Menschen dieses Gremiums aber allen Mitgliedern der Schulgemeinschaft ihre Beratung an, wenn Fragen, Sorgen, Beschwerden oder Konflikte das Vertrauensverhältnis in der Schule in Einzelfällen belasten. Kommt es zwischen den unmittelbar betroffenen Eltern und Lehrern zu keinem Gespräch oder zu Gesprächen mit unbefriedigendem Ausgang, möchte der Vermittlungsausschuß helfen. Aus der Verantwortung für die Schulgemeinschaft und das Wohl jedes einzelnen Kindes bietet der Vermittlungsausschuß seine Gesprächsbereitschaft, seine Unterstützung als ‹Wegweiser› oder ‹Brückenbauer› an.

Die inzwischen erreichte Größe dieser Schule – aber auch die Größe der einzelnen Klassen – sowie die Arbeitsbelastung von Lehrern und Eltern kann hin und wieder Verhältnisse erzeugen, in denen Enttäuschung, Hilflosigkeit oder Zorn den Schulalltag belasten. Der Vermittlungsausschuß möchte dafür arbeiten, daß solche Probleme so schnell wie möglich entspannt werden und nicht zu Resignation führen. Bevor Sprachlosigkeit eintritt, sollte der Vermittlungsausschuß angesprochen werden.»

Mit diesem aus einem konkreten Lebensbereich stammenden Text sei die Darstellung (der Abschnitte IV und V) über vermittelnde Tätigkeiten im Schulzusammenhang abgeschlossen.

VI

Zusammenfassend sei festgehalten: Als eine gewisse Maxime darf man vielleicht zitieren, daß in einer menschlichen Gemeinschaft so viel Freiheit wie möglich und so viel Ordnung wie notwendig herrschen sollte.

Natürlich kann man Konflikte, die sich als soziale Erkrankungen darstellen, nicht vorbeugend ausschließen. Man muß sogar sagen, daß Krisen bis zu einem gewissen Grade zu den eine gesunde Entwicklung fördernden Vorgängen in einem sozialen Organismus gehören. Auch ist keine noch so kluge und menschenwürdige Einrichtung, kein Verfahren ein Garant dafür, daß Schwierigkeiten schnell und positiv behoben werden. Wir wissen, daß es zwar viele bis zu einem gewissen Grade typisierbare kleinere oder mittlere Reibungsflächen gibt, daß aber zumindest jede größere Krise ihre ganz individuelle Schicksalssignatur trägt, die nun auch zu einem individuell gezielten Weg einer Heilung aufruft. So wird man – Organe hin, Organe her – immer einmal wieder auf diesem Felde im Tiefsten betroffen sein und weitgehend schutzlos dastehen und zu einer aus Freiheitskräften gespeisten Handlung aufgerufen sein. Das alles kann man sehr wach und mit großem Ernst in sich tragen und wird sich dennoch darin nicht beirren lassen müssen, rechtliche Erwägungen vorbeugenden Charakters nach allen Seiten anzustellen. Ja, man darf sagen, daß schon von einem gemeinschaftlichen Nachdenken über helfende Einrichtungen im Sozialen (wenn man dabei nicht in illusionären Formalismus sich verhakt) heilsame Impulse für das Bewußtsein aller Beteiligten ausgehen werden.

Zur Finanzierung eines freien Schulwesens

I

Für denjenigen, der in einem freien oder jedenfalls zur Freiheit hinstrebenden Schulwesen steht, wird es keine Schwierigkeiten geben, bei der Frage nach dessen Finanzierung eine im Grundsatz eindeutige Position zu beziehen. Das Geistesleben, zu dem die Schule gehört, muß von seinem Begriff her so unterhalten werden, daß an die betreffenden Zahlungen keine Bedingungen über Form und Inhalt des zu Leistenden geknüpft werden. Wir dürfen bei dieser Betrachtung die Grundgedanken Rudolf Steiners zur Dreigliederung des sozialen Organismus voraussetzen[1]. Daraus ergibt sich – in äußerster Kürze gesagt – die Notwendigkeit, daß das Geistesleben durch Zahlungen aus dem Wirtschaftsleben zu tragen ist. Das heißt, aus einem dort entstehenden «Mehrwert» sind die erforderlichen Mittel an den Bereich weiterzugeben, in dem alle die Fähigkeiten herangebildet werden, die als individuelle Arbeitsleistung und als fruchtbare Ideen in die Wirtschaft impulsierend zurückfließen. Die Produktivität des Wirtschaftslebens aber liegt eben darin, nun nicht nur für die Befriedigung der Bedürfnisse des Menschen (Nahrung, Kleidung und alle weiteren Bedürfnisse) zu sorgen, sondern aus erwirtschafteten Überschüssen die Veranstaltungen des Geisteslebens zu ermöglichen. Der Staat (das Rechtsleben im speziellen Sinne), der dritte Partner im sozialen Wechselspiel, dem wir alle als Bürger existentiell zugehören, hat sich als Repräsentant der Würde des Menschen nicht als Veranstalter in das Wirtschaftsleben und in das Geistesleben einzumischen. Er hat aber sorgfältig darüber zu wachen, daß die sachgemäßen Eigenordnungen des Wirtschafts- und des Geisteslebens nicht durch Übergriffe (die nicht nur von außen, sondern auch von innen

1 Rudolf Steiner: Die Kernpunkte der sozialen Frage. GA 23. Dornach 1961. Vgl. a. die Ausführungen des ersten Kapitels.

kommen können) verfremdet werden. Das Rechtsleben hat allerdings gewisse Vorgaben, die eine menschenwürdige Existenz betreffen, den anderen Bereichen zu machen, so etwa die Garantie eines gewissen Mindesteinkommens und manches andere mehr.

So weit, so gut. Bei einem stärkeren Einleben in die Ideen der sozialen Dreigliederung wird dies alles gewiß einleuchten. Wir erkennen die Gewichte als angemessen verteilt und sehen vor uns die Möglichkeit eines idealen Funktionierens. Wir dürfen jedoch nie vergessen, daß es sich hierbei zunächst um nichts anderes handelt und handeln kann, als um soziale Grundgedanken, um bestimmte Schlüssel, mit denen wir an die Wirklichkeiten des Lebens herantreten. Zwar finden wir bei sorgfältiger Untersuchung diese Gedanken immer als Kräfte in den Verhältnissen wirkend, wir entdecken sie auch in allen Verworrenheiten und Verzerrtheiten der tatsächlichen sozialen Vorgänge. Jedoch wird eben die Wirklichkeit nicht nur von diesen Grundideen, sondern in leider oft entscheidender Weise auch von ihren Gegenkräften bestimmt. Dem Wirtschaften ist aus der Natur des Selbsterhaltungstriebes heraus eine Neigung zur Gewinn- und Verbrauchsmaximierung, zu einem gesteigerten Egoismus, beigegeben und damit zum Beherrschen auch der anderen sozialen Bereiche. Dem Geistesleben wohnt von alters her als Gegenkraft eine Tendenz zur dogmatischen Alleinherrschaft jeweils bestimmter Ideen inne. Und das Staats- und Rechtsleben hat naturgemäß eine gewisse Neigung zum Konservatismus, das heißt zum Festhalten an (von heute auf morgen) veraltenden Formen, und damit in der negativen Konsequenz zum ständigen Überformen und Dirigieren aller sozialen Verhältnisse (Machtstreben). Die Entwicklung zu einem freien Geistesleben beispielsweise kann sich also immer nur als Ergebnis eines ständigen Ringens vollziehen, eines Ringens freier Impulse, von Individualitäten getragen, im Sich-Absetzen und Herausarbeiten aus den (pauschal gesagt) unfreien Gegebenheiten, die in den jeweiligen Zeitverhältnissen – wiederum aus von Menschen ausgehenden, aber unindividuellen Tendenzen – anwesend sind.

Im Geistesleben gestalten sich die Verhältnisse immer dann sachgemäß, wenn die zu erbringende Leistung unmittelbar das mittragende Interesse bestimmter Menschen und Menschengruppen herausfordert. Dies finden wir z. B. bei einer Freien Schule, wenn sie wirtschaftlich ausschließlich aus den Mitteln der sie wollenden Eltern und Förderer lebt[2]. – Keineswegs soll als Gegenargument gegen diese Idealität ins Feld geführt werden, daß, grundsätzlich gesehen, Abirrung immer möglich ist. Etwa weil, indem nur ein ganz bestimmter, selektierter Personenkreis angesprochen wird, eine Art von Sektierertum sich bilden könnte oder weil gewisse Förderer als große Dauerspender oder gar die Eltern einen einseitigen Einfluß ausüben könnten. Die Erwähnung dieser beiden möglichen Fehlerquellen (Absonderung und Fremdbestimmung) soll hier nur dazu dienen, noch einmal darauf hinzuweisen, daß es niemals eine Idealität schlechthin gibt; oder anders gewendet, daß selbst in anscheinend «reinen» Verhältnissen die potentiellen Gegenkräfte zu beachten sind.

Wie ist es aber nun, wenn eine Freie Schule nicht nur als gewisse Ausnahme von einem besonderen Menschenkreis getragen wird und damit die Chance hat, sich einem Ideal anzunähern; wenn also «Freie Schule» sich in einem größeren Umfang in sozialen Zusammenhängen realisieren will, in denen durch die Lagerung der Einkommens- und Vermögensverhältnisse der potentiellen Teilnehmer ein ausreichendes Getragensein allein aus Beiträgen und Spenden auf Dauer nicht möglich ist? Wie das alles in einer Gesellschaft, die für ihre (staatlich veranstalteten) Schulen außerordentlich hohe Aufwendungen erbringt, denen die Freie Schule etwas jedenfalls annähernd Entsprechendes entgegenstellen will und muß, um nicht völlig aus dem sozialen Kontext herauszufallen? (Etwas Entsprechendes natürlich nicht in bezug auf eine Gleichartigkeit des pädagogischen Inhalts und der Methoden, aber doch in der Grundausstattung der Gebäude usw. und in einer ausreichenden Unterhaltsdeckung der Lehrer.) Das trifft mit allen notwendigen höheren Investitionen besonders auf den Aufbau einer eigenen Oberstufe zu, auf die man ja nicht verzichten kann, will man den heranwachsenden Menschen bis mindestens zur zwölften Klasse (etwa achtzehntes Lebensjahr) im organischen Duktus einer geistig

2 Die Rudolf-Steiner-Schulen in der Schweiz, in Großbritannien, USA und auch in den meisten anderen Ländern haben das in langen Jahren vorbildlich praktiziert.

91

angemessenen Erziehung belassen. Woher sollen da die Gelder zur Errichtung und Unterhaltung Freier Schulen kommen?

II

Ist es richtig, zu fordern, daß erst generell eine durchgängige Dreigliederung im sozialen Bereich hergestellt sein müsse, ehe man Freie Schulen realisieren oder berechtigt von Freier Schule sprechen könne? Das wäre sicher ganz falsch, und es wäre auch nicht im Sinne Rudolf Steiners, der mit großem Ernst darauf hingewiesen hat, daß es wirklich freie Schulen nur in einem wirklich sich selbst verwaltenden Geistesleben geben könne. Hier liegt der Komplexität des sozialen Lebens entsprechend ein dialektisches Verhältnis vor. Freiheit ist ja nicht einfach, kaum gedacht, wie von selbst da; sie kann sich nur aus der immer neu geistig-kämpferisch vertretenen Idee der Freiheit Schritt für Schritt ergeben, wobei das Wagnis von sich selbst verantwortenden Institutionen in einem noch unfreien Geistesleben eine besondere Signalwirkung haben wird. Rudolf Steiner hat bewußt der ersten von ihm inspirierten Schule den Namen «Freie Waldorfschule» gegeben; «frei» hier verstanden als Impuls und als Zielrichtung, frei aber auch insofern, als sich im Rahmen des damals rechtlich Möglichen in all seiner anfänglichen Begrenztheit das Medium der Freiheit doch durchaus rein entfalten konnte.

Es ist deutlich, daß es Rudolf Steiner bewußt war, daß die Lösung der sozialen Frage nicht darin bestehen kann, daß die Einzelfragen nach einem allgemein gefaßten Bildeprinzip nahtlos und übergangslos geregelt werden. Verschiedentlich hat er betont, daß er ja mit den «Kernpunkten der sozialen Frage» nur Anregungen im Sinne von Richtungsweisern habe geben wollen. Anregungen, die sich je nach den konkreten Gegebenheiten durchaus unterschiedlich verwirklichen könnten. Er hat keine dogmatischen Gebrauchsanweisungen für den Einzelfall verschreiben wollen, «so muß es sein und schlechthin nicht anders».

Rudolf Steiner spricht zum Beispiel hinsichtlich der aus dem Wirtschaftsleben an das Geistesleben fließenden Geldmittel keinesfalls nur von individuell gezielten Beiträgen oder Schenkungen.

Dieser unmittelbar überschaubare Bezug hat gewiß seine primäre Bedeutung im Hinblick auf die Produktionen eines Künstlers, vielleicht auch für den Bestand eines Theaters oder Konzertbetriebes (eben durch entsprechend hohe, allenfalls sozial gestaffelte Eintrittsgebühren); auch Privatunterricht jeglicher Art und manche Sparte der beruflichen Fortbildung mögen so getragen werden können. Überall dort aber, wo zwar individuell gestaltete, jedoch nicht nur individuell, sondern auch gesellschaftlich geforderte größere Einrichtungen erforderlich sind – und das gilt besonders für die Schule (einschließlich Kindergarten) und die Hochschule –, wird es noch anderer Vorgänge bedürfen, um ein sinnvolles Austauschverhältnis zwischen Wirtschafts- und Geistesleben zu ermöglichen. Steiner spricht in diesem Zusammenhang von Einrichtungen, die für das Beschaffen der notwendigen Mittel aus dem Wirtschaftsleben Sorge zu tragen hätten. Hierbei ist gewiß an Einrichtungen des sich selbst verwaltenden Wirtschaftslebens gedacht. Aber wir sehen uns im Bereich solcher Institutionalisierungen schon ein erhebliches Stück entfernt von dem ausschließlichen und unmittelbaren Bezug zwischen dem an der betreffenden Leistung Interessierten und dem geistigen Produzenten. Können wir etwa denken, daß Wirtschaftsbetriebe, die nicht unerhebliche Beiträge aus ihren Überschüssen an eine Sammelstelle abzuführen haben (gemäß den Eigensatzungen des Wirtschaftslebens), daß sie also diese Gelder von Anfang an und immer freudig und spontan geben werden? Wenn wir mit Recht die vom Staat eingezogenen Steuern als eine «Zwangsschenkung» ansehen, worin liegt dann der prinzipielle Unterschied zu solchen globalen Abgaben innerhalb des Wirtschaftslebens? (Andererseits darf aber doch auch gehofft und angenommen werden, daß in steigendem Maße der mündige Bürger eine Einsicht darüber gewinnt, daß die staatlichen Einrichtungen und auch bestimmte Einrichtungen des Bildungslebens von der Gesellschaft und speziell von der Wirtschaft getragen werden müssen. Er wird schließlich die festgelegte Abgabe oder Steuer nicht gezwungenermaßen, sondern aus Erkenntnis und damit in Freiheit leisten.) Ist es denkbar, daß zwischen jeder betrieblichen Abgabe und einer bestimmten Institution des Geisteslebens ein individualisierender Bezug doch hergestellt wird? Das erscheint in der Idee und der Zielrichtung nicht unmöglich, wird aber bei sich immer mehr vergrößernden Zusammenhängen sicher deutlich schwieriger.

In einer anregenden Betrachtung über die Finanzierung des Geisteslebens wird darauf hingewiesen[3], daß möglicherweise den Banken hier eine bedeutende Funktion zuwachsen könnte, wenn sie sich als Einrichtungen des Wirtschaftslebens verstünden, die für die Finanzierung des Freien Geisteslebens zu sorgen hätten. Gewiß wird auch bei den Banken oder eben bei anderen Sammelstellen der Wirtschaft aus Einsicht in die Notwendigkeit von Leistungen an das Geistesleben wiederum individuelle Verteilerentscheidung mit dem Mut zu freien Beurteilungen anzusiedeln sein, das wäre jedenfalls zu fordern. Vom Ursprungsprozeß, daß ein einzelner Geber durch seine eigene Zahlung oder Spende eine bestimmte geistige Leistung fördern will, haben wir uns aber ganz sicher in solchen wohl unausweichlichen Verhältnissen recht weit entfernt. Es sind Zwischeninstanzen eingeschaltet. – Man sieht, daß bei besonnener Betrachtung aller zur Sache gehörenden Verhältnisse die Lösung der betreffenden Fragen alles andere als leicht ist. Die Gefahr der Entfernung vom individuellen Bezug mit einer wachsenden Verwaltungstendenz (Bürokratisierung) liegt auf der Hand.

III

Bei der Betrachtung des Schulwesens tritt noch ein weiterer Gesichtspunkt hinzu. Überall dort, wo – wie bereits oben angedeutet – der individuelle Bezug zwischen Geldgeber und im Sinne des Geisteslebens Produzierendem sich aus der Sache unmittelbar ergibt, haben wir es ausschließlich mit dem geschilderten Verhältnis zwischen Geistes- und Wirtschaftsleben zu tun. Wo aber außerdem die Rechtssphäre zentral angesprochen ist, erscheint auch der Staat als ernstlicher Gesprächspartner. Das ist bei der Schule durchaus der Fall. Sie beruht nicht nur auf der Leistung der Lehrer und dem Wunsch der Eltern, ihren Kindern eine entspre-

3 Max Widmer: Das freie Geistesleben braucht in Zukunft viel mehr Mittel. In «Die Menschenschule», November 1974, S. 332 f.

chende Erziehung angedeihen zu lassen; Schule berührt auch das Individualrecht jedes einzelnen auf angemessene Erziehung. Nicht zu Unrecht weisen moderne Staatsverfassungen im Einklang mit gesunden sozialen Ideen ein Grundrecht des Bürgers auf Erziehung aus. Ein Grundrecht, das gegebenenfalls sogar die Gesellschaft (durch ihre Institutionen) gegen ihre Erziehungspflicht vernachlässigende Eltern durchzusetzen hat. Gewiß haben wir für solche Fälle in der Richtung auf ein Ideal hin zu denken, daß entsprechendes Handeln Teil des sich selbst verwaltenden Geisteslebens zu sein hätte. Wo aber das vielgestaltige Recht auf Erziehung sich zum Recht auf Bildung spezialisiert, wird die Rolle des Staates als eines für die Ermöglichung der Teilnahme an den entsprechenden Einrichtungen Verantwortlichen besonders deutlich.

Aus dem Gleichheitsgrundsatz, der im Rechtsleben seine Gültigkeit hat, ergibt sich, daß – unbeschadet aller individuellen Unterschiede in den Begabungen der einzelnen – der Zugang zu den frei zu wählenden Bildungseinrichtungen jedermann im Sinne der Chancengerechtigkeit offenstehen muß. Da aber die wirtschaftlichen Ausgangspunkte höchst unterschiedlich sind, «ist es eine rechtliche Aufgabe, die Eltern durch ein ‹Erziehungseinkommen› in die Lage zu versetzen, die Freiheit in der Wahl der Schule für ihr Kind aufrechterhalten zu können»[4]. Rudolf Steiner prägte den Begriff des «Erziehungseinkommens» und führte dazu aus, daß den Eltern die nötigen Mittel zufließen werden «durch Einrichtungen, die durch Übereinkommen aller drei sozialen Organisationen begründet werden»[5]. Wo diese Einrichtungen anzusiedeln wären, läßt er offen, man kann wohl annehmen, daß sie Gliederungen des Wirtschaftslebens sein sollten. Aber jedenfalls würde es sich doch um unabhängige Stellen handeln, die durch den Staat (Zusammenwirken aller mündigen Bürger) festgesetzte und je nach Kinderzahl usw. gestaffelte Zahlungen an die Berechtigten zu leisten hätten.

4 Stefan Leber: Selbstverwirklichung – Mündigkeit – Sozialität, Stuttgart 1978. S. 158/9; und ausführlich zu diesem Thema in «Die Sozialgestalt der Waldorfschule», Frankfurt 1984; vor allem im Kapitel «Die Finanzierung von freien Bildungseinrichtungen», S. 165 ff.
5 Rudolf Steiner, GA 23, a. a. O., S. 127 f.

Hier haben wir, was die Herkunft jener Mittel anbelangt, unbezweifelbar doch eine gewisse Anonymität (vor der Steiner an anderer Stelle warnt), die auch dann bestünde, wenn die Wirtschaftsbetriebe nach einem allgemeinen Schlüssel direkt an die betreffenden Kassen aus Überschüssen abführen würden. Wir kennen ja heute unter verschiedenen Zweckbestimmungen solche Kassen, an die aus der Wirtschaft bestimmte Sätze zu zahlen sind, sie haben meist den Status von selbständigen öffentlich-rechtlichen Körperschaften. Die Beauftragung der staatlichen Arbeitsämter mit der Auszahlung des gesetzlich festgelegten Kindergeldes (aus Steuermitteln) in Deutschland ist dann ein Beispiel für einen weiteren Schritt, der eben in den Bereich des Staates hinüberführt. Die Arbeitsämter können allerdings nur auszahlen auf streng geregelter Grundlage, eine Beurteilungs- oder Eingriffsmöglichkeit haben sie nicht. So könnte man sich auch die Zahlung eines «Erziehungseinkommens» durch eine staatliche Stelle als möglich vorstellen (entweder auf direkten Leistungen der Wirtschaft oder eben auf dem allgemeinen staatlichen Steueraufkommen beruhend); den Staat als hier Mitwirkenden aber immer nur unter dem Vorbehalt, daß er sich zumindest insoweit lediglich als Treuhänder einer nicht mit Weisungsbefugnissen verbundenen sozialen Leistung versteht. Dies alles sind Beispiele für Übergänge, die man bedenkt und wobei man stets sorgfältig zu prüfen hat, ob und inwieweit man auf Zeit mit ihnen leben könnte, ohne eine freie Entwicklungsmöglichkeit zu sehr einzuengen.

Von solchen Gedanken keinesfalls entfernt ist der seit Jahren an verschiedenen Stellen bereits diskutierte «Bildungsgutschein»[6], worunter ein Zertifikat zu verstehen ist, das der Staat den betreffenden Eltern zur freien Verfügung (aber nur für den Zweck schulischer Erziehung) überläßt, damit sie aus individueller Verantwortung die von ihnen gewünschte Ausbildungsstätte für ihr Kind wählen können. Die betreffende Schule würde diesen Schein

---

6 Vgl. Johann Peter Vogel: Der Bildungsgutschein – eine Alternative der Bildungsfinanzierung in «Neue Sammlung» 1972, S. 514 ff.; Benediktus Hardorp: Die Freien Schulen in unserer Gesellschaft in «Erziehungskunst» 7/8 1980, S. 468 ff.; Heinz Kloss: Die Selbstverwaltung des Geisteslebens, Frankfurt 1981, S. 96.

dann bei einer staatlichen Stelle einzulösen haben. Wir können uns den Bildungsgutschein in diesem Sinne als ein durchaus praktikables Instrument zur Finanzierung der Freien Schule (wo nicht des Schulwesens überhaupt) denken. Es wäre ein beachtlicher Schritt, der das Elternrecht betont und der vor allem ein Freiheitsmoment in die Sache trägt: die Wahlmöglichkeit der Eltern und damit eine neue Verantwortlichkeit, die auch auf die Schule positiv wirken würde. Das heißt, es würde wieder etwas mehr von der anzustrebenden ausgewogenen Beziehung zwischen «Abnehmer» und «Produzent» hergestellt.

IV

Nun ein Blick speziell auf die Bundesrepublik Deutschland. Hier war insbesondere in den Jahren seit 1945 nicht wiederholbar, was in finanzieller Hinsicht – nicht zuletzt durch Emil Molts Einsatz – für die erste Waldorfschule noch gelingen konnte. Zwei radikale Inflationen (1923/24 und 1948), dazu als Folge des Zweiten Weltkrieges die Notwendigkeit, in Westdeutschland eine nach vielen Millionen zählende Bevölkerung aus den verlorenen Ostgebieten in kurzer Zeit zu integrieren (mit der gesetzlichen Pflicht eines «Lastenausgleichs» als allgemeiner Vermögensabgabe), haben bewirkt, daß nur sehr wenige der an einer Freien Schule interessierten Menschen imstande waren, das an sich hierfür erforderliche Geld aufzubringen. Da zugleich der Staat nunmehr für sein eigenes Schulwesen keine Elternbeiträge forderte, er dieses also aus dem allgemeinen Steueraufkommen finanzierte, trat eine für das öffentliche Bewußtsein illusionäre Lage und eine grobe Wettbewerbsverzerrung auf. Eine freie Initiative auf dem Schulsektor wurde, wo nicht zahlungskräftige Institutionen einspringen konnten, praktisch unmöglich, zumindest in ihrer Entwicklungschance außerordentlich eingeschränkt. In dieser Situation erkämpften die verschiedenen Verbände der Schulen in freier Trägerschaft – unterstützt vor allem von den Kirchen – vom Staat eine Zuschußpflicht, die nach und nach in allen Privatschulgesetzen der elf Bundesländer ihren Ausdruck fand.

Hätten in dieser Stunde die Waldorfschulen in Deutschland nicht von der Möglichkeit staatlicher Zuschüsse Gebrauch gemacht, so hätte das weitgehend einen Verzicht auf all das bedeutet, was seither aus geistigen Grundlagen heraus, getragen von einer breiten Elternschaft, entstanden ist. Mag vieles in den Waldorfschulen auch noch unvollkommen sein, es handelt sich aber um einen starken Kulturimpuls, der Vielfältiges bewirkt hat. – Es darf dabei auch nicht übersehen werden, daß unbeschadet aller erheblichen staatlichen Zuschüsse die Eigenleistung der Eltern mit monatlichen Beiträgen zwischen etwa 100,- und 200,- DM pro Kind doch fortlaufend hoch ist. Hinzu kommen noch weitere große Spendenbeträge für die Schulbauten.

Ohne diesen engagierten Einsatz der Elternschaft wären die Waldorfschulen in Deutschland nicht existenzfähig oder zumindest in der Entfaltung eines ihnen notwendigen Lebensraumes stark eingeschränkt. Die besonders schwierige Situation der Waldorfschulen fast aller anderen europäischen Länder, Nord- und Südamerikas und der ganzen englischsprachigen Welt sei hier ausdrücklich hervorgehoben. Hier fehlen staatliche Zuschüsse in der Regel völlig, so daß das finanzielle Engagement der Eltern erhöht in Anspruch genommen werden muß, was angesichts der sozial schwierigen Verhältnisse in manchen dieser Länder zu kaum vertretbaren Lebensbedingungen der Freien Schulen führt[7].

Entscheidend in der gegenwärtigen Situation für die Beurteilung darüber, ob und inwieweit sich etwa die Waldorfschule durch die Entgegennahme staatlicher Zuschüsse vom Ideal der Freiheit unzumutbar entfernt habe, ist die Frage, ob der Staat die Möglichkeit hat, Bedingungen gegenüber den freien Schulen an die Hergabe von Geldern zu knüpfen. Bei der Betrachtung der Privatschulge-

7 In diesem Zusammenhang sei auch auf die vielfältigen Veröffentlichungen zum Thema «Freie Schule» in der Schweizer Monatsschrift «Die Menschenschule» verwiesen. Beispielhaft seien genannt: H. R. Niederhäuser: Von den Lebensbedingungen einer Rudolf-Steiner-Schule, im Jahrgang 1972 und Sept./Okt. 1973; ferner A. Dollfus: Grundsätzliches zum Problem Staat und freies Schulwesen, Febr. 1974; ferner Sonderheft Okt. 1981: Von der Finanzierung Freier Schulen, darin besonders die Ausführungen H. R. Niederhäusers, S. 310 ff.

setze der einzelnen Bundesländer in Deutschland zeigt sich[8], daß die Mittel ohne Zweckbestimmung gegeben werden. Die Höhe der Zuschüsse ist in den einzelnen Bundesländern verschieden. Zumeist wird entsprechend der Zahl der die betr. Schule besuchenden Schüler(innen) nach einem bestimmten Schlüssel (z. B. 70 % eines «mittleren» staatlichen Lehrergehaltes) gezahlt. In den wenigen Ländern mit dem sogenannten Defizitdeckungsverfahren für die Zuschußberechnung sind gewisse Reibungspunkte vorhanden; grundsätzlich besteht aber auch dort keine Einwirkungsmöglichkeit aufgrund der staatlichen Zahlungen. Freie Wahl der Unterrichtsinhalte und der pädagogischen Methode, Freiheit der Lehrer- und Schülerwahl u. a. sind im gesetzlich festgelegten, recht weit gespannten Rahmen gewährleistet. Die einzige Zweckbindung, die gegeben ist, liegt darin, daß die Vorschriften der steuerlichen Gemeinnützigkeit zu wahren sind, das heißt, es dürfen die Mittel nur für die satzungsgemäßen Zwecke verwendet werden. Darin liegt aber keinerlei Einschränkung, da das eine ganz im Wesen der Waldorfschulen liegende Verpflichtung ist.

Der erhebliche Eingriff, dessen sich der Staat gegenüber allen Freien Schulen anmaßt (in allen Bundesländern gleich) liegt darin, daß er sich ein *Monopol hinsichtlich der berechtigenden Abschlüsse* vorbehalten hat. Das wirkt durchaus belastend in die Oberstufe gerade der Waldorfschule hinein. Erleichterung gäbe es insoweit nur, wenn man sich – was aber nicht diskutabel ist – in allen pädagogischen Fragen der staatlichen Schule anpassen würde; wenn man also «Gleichartigkeit» anstreben würde, anstatt die gesetzlich zugebilligte «Gleichwertigkeit» im Sinne des eigenen Lehrplans entschieden zu behaupten und weiter auszubauen.

Dies alles ist zweifellos eine schwere Belastung, die aber nicht im Zusammenhang mit der Gewährung der staatlichen Zuschüsse steht. Auch freie Schulen, die keinerlei Mittel vom Staat begehren oder erhalten, sind in bezug auf die Abschlüsse den einengenden Forderungen des Staates unterworfen. Das soll an dieser Stelle nicht weiter ausgeführt werden. Diesem Fragenbereich wäre eine

---

8 Siehe Johann Peter Vogel: Die staatliche Finanzhilfe für Privatschulen. Goldener Käfig oder Förderung freier Initiativen, in «Erziehungskunst» 8/1978, S. 400 f.

gesonderte Betrachtung zu widmen. Hier war nur zu zeigen, daß der heutige Staat in der Bundesrepublik Deutschland – unbeschadet alles dessen, was man gegen sein falsches Selbstverständnis, gegen sein Überlagern weiter Felder des Wirtschafts- und Geisteslebens usw. auch vorbringen mag – sich jedenfalls hinsichtlich der Zuschüsse an die Freien Schulen einer beachtlichen Neutralität in bezug auf Eingriffe befleißigt. Faktisch ist etwas von der zu fordernden Treuhändergesinnung in diesem Bereich durchaus vorhanden. Es kann gesagt werden, daß man hier an einem Punkt steht, an dem die Lebens- und Entwicklungsfähigkeit Freier Schulen durchaus möglich ist. Die Verfassungen und Gesetze sichern jedenfalls, das muß anerkannt werden, einen beträchtlichen Freiheitsraum zu.

Das alles – diese gewisse Lebensmöglichkeit unter den heutigen Verhältnissen – ändert aber nichts daran, daß aus der Existenz und Zielrichtung der Waldorfschule entschieden gefordert wird, die Selbstverwaltung im Bildungsleben (im Sinne der sozialen Dreigliederung) umfassend zu verwirklichen. Solange dieser sozialen Grundforderung nicht entsprochen wird, muß der Staat (als sozialer Rechtsstaat, wie er sich versteht) dazu beitragen, daß Freie Schulen eine angemessene Chance behalten. Das ergibt sich aus dem Grundrecht der Verfassung (Art. 7 Abs. 4 GG), der sogenannten Errichtungsgarantie; das ist heute im Prinzip auch ganz unbestritten. Solange der Staat aus den Bedingungen der Vergangenheit heraus in Verkennung seiner wahren Aufgaben glaubt, Schulwesen selbst veranstalten zu sollen, solange muß er sich aus Rechtsgründen auch für die volle Lebensfähigkeit des gesamten – also auch des freien – Schulwesens mitverantwortlich einsetzen. Das muß von ihm mit Entschiedenheit verlangt werden[9]. Eine konsequente und sachgerechte Anwendung des Gleichheitsgrundsatzes würde den Staat (interessanterweise) notwendig dazu führen, sich mehr und mehr auf seine ihm wesenseigenen Gebiete zurückzunehmen.

9 Siehe hierzu Benediktus Hardorp: Gesellschaftliche Funktionen, Existenzbedingungen und das Recht der Freien Schulen in «Erziehungskunst» 11/1981, S. 633 ff.

V

Abschließend sei festgehalten: Es geht bei der Rudolf-Steiner-Pädagogik vor allem darum, daß man und wieviel Terrain man dem Ungeist der Zeit auf allen Ebenen streitig macht und entreißt. Auch beim Verwirklichen von geistigen Impulsen muß man notwendigerweise täglich Kompromisse eingehen, und man kann das mutig tun, wenn man nur ein klares Bewußtsein von dem, was man im einzelnen unternimmt, entwickelt. Das gilt besonders auch für den Bereich der Finanzen. Selbstverständlich gibt es harte Grenzen für Kompromisse. Die Waldorfschulen in Deutschland haben nach 1933 gezeigt, daß sie diese Grenzen nicht zu überschreiten gewillt waren. Heute sieht der Feind anders aus: Es droht vor allem die Gefahr der Verbürgerlichung; die sogenannte westliche Wohlstandsgesinnung mit ihren vielfältigen lähmenden Tendenzen und Ansprüchen schleicht sich allzuleicht und kaum bemerkt in die Lebensgewohnheiten. Hier gilt es, sein Bewußtsein immer erneut zu schulen und zu stärken. Es geht darum, «Gegengewichte» und einen «moralischen Fond» zu bilden[10]. Die geistigen Grundlagen der Waldorfpädagogik bleiben die Quelle, welche die Ausgangsimpulse lebendig hält. Die Idee der Freiheit muß in den Waldorfschulen leben, und sie muß zugleich als Willensrichtung und Umwandlungsimpuls in den sozialen Umkreis hineinwirken.

10 So überzeugend Fritz Götte: Über die Finanzierung Freier Schulen, in «Die Menschenschule», April 1974, S. 123.

Waldorfschule und Politik

Es kommt immer wieder vor, daß Eltern, ältere Schüler oder auch Lehrer von der Waldorfschule erwarten, daß diese in bestimmten Situationen des politischen Geschehens eine unmittelbare, auch öffentlich bekundete Stellung beziehen und sich für die eine oder andere Auffassung im politischen Feld aktiv einsetzen solle. Dadurch werden Fragen grundsätzlicher Natur aufgeworfen, die einer offenen Erörterung um so bedürftiger erscheinen, als neuerdings immer häufiger in Zeitschriften, in der Tagespresse und in anderen Medien Betrachtungen über die Waldorfschule und die Pädagogik Rudolf Steiners unter den verschiedensten Gesichtswinkeln erscheinen. Die Darstellung soll hier aber nicht in abstrakter Weise, sondern von einem konkreten Vorgang ausgehend erfolgen.

Die eingangs erwähnte Erwartung trat beispielsweise auf, als die Partei der «Grünen» 1980 in größerem Umfang hervorzutreten begann. Nun kann man in ganz allgemeiner und unspezifizierter Weise sagen, daß der «ökologische Humanismus», wie er, mehr oder minder ausgeprägt, Grundlage bei den «Grünen» ist, eine gewisse Verwandtschaft mit Ideen aufweist, wie sie auch im Raum der Waldorfschule gefunden werden können. So war es damals erforderlich, deutlich zu machen, wie die Waldorfschule sich in diesem Kräftefeld von politischen Bestrebungen darstellt.

Die Waldorfschule mit ihrem zeitgemäßen Ansatz zur spirituellen Vertiefung der Pädagogik hat die Aufgabe, in der ihr eigenen Art so gut wie möglich Erziehung und Ausbildung zu betreiben (sie ist als Unternehmenstyp ein Dienstleistungsbetrieb), so wie man von einem Schuster erwartet, daß er die Schuhe gut besohlt. Darüber hinaus ist allerdings die Waldorfschule auch ein Sozialmodell, eine Institution des «freien Geisteslebens» im Sinne der Ideen Rudolf Steiners zur Dreigliederung des sozialen Organismus. Die Waldorfschule entstand ja 1919 innerhalb der Dreigliederungsbewegung nach dem Ersten Weltkrieg. Nach dem Scheitern dieses großangelegten Versuches einer allgemeinen sozialen Erneuerung blieb die Waldorfschule bestehen als ein Keim, aus dem heraus soziale Erneuerungskräfte wieder hervorgehen können. Die Schule mit ihrer Lehrer-Selbstverwaltung, mit ihren Formen der Zusammenarbeit verschiedener Menschengruppen ist eine funktionsfähige Einrichtung, aus der der Impuls zur Realisierung der sozialen Dreigliederung immer neu entstehen will.

Aber auch bei voller Würdigung dieses zweiten mit der Waldorfschule verbundenen Motivs kann sie doch nicht als eine politische Formation der Art angesehen werden, daß sie unmittelbar *als Institution* politische Willensbildung zu betreiben hätte, gleich mit welcher Zielrichtung immer. Die Waldorfschule kann nur im engen Zusammenhang mit der von ihr vertretenen Pädagogik die innere Folgerichtigkeit und Notwendigkeit eines sich selbst verwaltenden freien Schulwesens betonen. Das ist ein entschiedenes Ideenangebot (auch ein praktisches), das sie niemals aufhören wird, deutlich in die Zeitverhältnisse hineinzustellen. Diese bildungspolitische Forderung geht allein schon von ihrer sich erfolgreich betätigenden Existenz aus.

Daneben wird die Waldorfschule die Zusammenarbeit mit allen relevanten politischen Kräften und Parteien suchen, um ihrem pädagogischen Auftrag das nötige Gehör zu verschaffen und den erforderlichen Freiheitsraum zu sichern. Sie ist ja ein Glied in einer komplexen, ihr teils freundlich, teils auch wenig freundlich gesonnenen sozialen Umwelt; da ist ständiges Verhandeln, ständiges Sich-arrangieren-Müssen, ja auch immer wieder ein Selbstbehauptungskampf (mit wechselnden Teilergebnissen) erforderlich. Auf diesem Feld sind die staatlichen Verwaltungen und vor allem eben die politischen Parteien, als die Träger der politischen Willensbildung in der Bundesrepublik, die Gesprächspartner der Waldorfschule.

Wie sich nun aber der einzelne innerhalb der Freien Waldorfschule Tätige (Eltern, Lehrer und weitere Mitarbeiter, Schüler) seiner persönlichen Überzeugung entsprechend gegebenenfalls politisch betätigen wird, bleibt allein seine Sache. Die Waldorfschule kann und will darauf keinen Einfluß nehmen. Zwar muß gesagt werden, daß ihr ganzes pädagogisches System darauf abzielt, im Menschen Interesse für die Welt und für soziale Verhältnisse zu wecken; das gilt in entsprechender Weise für den Lehrer wie für den Schüler und in gewisser Weise auch für die Eltern. Was aber der Umgang mit den im Rahmen der Waldorfschule angebotenen Ideen dann im einzelnen Menschen in concreto (in Weltanschauung, Politik, Beruf usw.) bewirkt, muß ausschließlich seiner persönlichen Freiheit anheimgestellt werden. Bestimmte Marschrouten zu intendieren, ist nicht ihre Aufgabe.

So gibt es im Lebensumkreis der Waldorfschule manchen, der innerhalb dieser oder jener seither bestehenden politischen Partei, soweit sie ein demokratisches Staatsverständnis hat, mitarbeitet. Es gibt auch manche Menschen, die sich innerhalb der neugegründeten Partei der «Grünen» engagieren. Ganz deutlich muß hierbei aber gesehen werden, daß die Waldorfschulen an der Existenz und Organisation keiner Partei beteiligt sind, auch nicht an der der «Grünen».

Die Freie Waldorfschule kann ihrem Auftrag nur dann gerecht werden, wenn sie sich als gesamte Institution und in allen einzelnen Gremien (Lehrerkollegium, Vorstand des Schulträgers, Elternvertrauenskreis, Schülervertretung usw.) in parteipolitischer Hinsicht unmißverständlich neutral verhält. Die parteipolitische Diskussion innerhalb ihres Zusammenhangs kann die Waldorfschule für ihre eigenen Aufgaben nur schwächen. Andererseits aber sollte deutlich sein: Jeder einzelne ist aus dem Gedanken heraus, daß der gesamte soziale Organismus initiative Anteilnahme der zu ihm gehörenden Menschen braucht, sehr wohl dazu aufgerufen, sich in einer ihm angemessen erscheinenden Weise am politischen Leben zu beteiligen.

Waldorfschule und Friedensfrage

I

Die Inhalte der Waldorfpädagogik und die Ideen zur Dreigliederung des sozialen Organismus, die der Waldorfschule als einer Institution des Geisteslebens zugrunde liegen, stehen nicht isoliert in der Welt. Sie haben als ein Teil der schaffenden und umzuschaffenden Welt Realitätscharakter, haben ihn aber natürlich nur soweit, wie sie nicht als bloße Ideeninhalte tradiert, sondern aus der Welt der Wirklichkeit abgelesen bzw. ihr stets neu im individuellen, schöpferischen Prozeß einverleibt werden. Dieser Umsetzungsprozeß kann sich sinnvoll aber nur in wechselseitiger Durchdringung mit den gesamten Zeitverhältnissen abspielen. Mit einem Wort, der Waldorflehrer und jeder, der sich tätig innerhalb des Lebensfeldes Waldorfschule einsetzt, muß im vollen Sinne Zeitgenosse sein.

Etwas, was heute alle Gemüter – nicht nur in Deutschland – aufs stärkste bewegt, ist das, was als Friedensfrage im weitesten Sinne bezeichnet werden kann. Die Sehnsucht nach Frieden ist mit dem Wesen des Menschen untrennbar verbunden. Krieg und Frieden – das ist eine Polarität, die die Menschheit seit Zeitengedenken umgetrieben hat. Wir hören aus dem Munde bedeutender Geister, daß der Krieg der Vater aller Dinge sei. (Heraklit aus Ephesus um 500 v. Chr.: «Alles ist im Flusse», aber der «Vater und König» dieses Flusses ist «der Krieg».) Wir gewinnen tatsächlich als Erfahrung aus der Geschichte, daß in großen Zeiträumen immer wieder neue Kulturen kommen und gehen, daß Staaten entstehen und vergehen; wir sehen, wie bestimmte Entwicklungen im menschlichen Zusammenhang an ein gewisses Ende geraten und wie das, was sich als weiterer Entwicklungsschritt nun wohl ergeben müßte, eben nicht organisch, friedlich als eine Metamorphose des Bisherigen sich einstellt; sondern immer wieder sind es gegenüber einer evolutionären Entwicklung revolutionäre, umstürzlerische, also gewalttätige und kriegerische Elemente, die Vergangenes beiseite schieben, um den Weg zu Neuem zu eröffnen.

Bei einer Betrachtung der Natur des Menschen finden wir in der Tat einen Bereich, in dem das Kriegerische als konstitutives Prinzip schlechthin wirkt. Wenn wir Nahrung aufnehmen, so muß sie mehr oder minder gewaltsam aus dem Naturzusammenhang entnommen werden und wird dann innerhalb des menschlichen Organismus zunächst einmal abgebaut und buchstäblich zerstört. Die Nahrung kann in der ursprünglich bestehenden Form dem Menschen nicht dienen. Ein totaler Umwandlungsprozeß ist erforderlich. So findet innerhalb des menschlichen Organismus ein immerwährender, aber eben durchaus nicht friedlicher Umsetzungsprozeß statt.

Gleichzeitig aber ringt der Mensch aus seinem innersten Wesen heraus um Formen eines friedlichen Zusammenlebens mit seinen Mitmenschen. Ist nun all das, was aus der Tiefe der Religionen, was vor allem als die hohe Botschaft des Christentums sich seit der Zeitenwende in die Welt gestellt hat, eben dieses: «Meinen Frieden gebe ich euch...»[1] – ist das christliche Friedensmotiv etwa nur zu verstehen als ein rein persönlicher Glaubens- und Erkenntnisschritt jedes Menschen? Soll ihm hier ein Weg gewiesen werden, wie er den Frieden in seiner Seele finden kann, um die kriegerischen Verwicklungen in der Welt und die ihm durch sie auferlegten Bedrängnisse in Würde zu ertragen? Gilt diese Friedensbotschaft nicht vielmehr auch für den sozialen Zusammenhang, für die Beziehung der Menschen untereinander? Oder muß etwa für den mitmenschlichen Bereich doch das kriegerische Prinzip des Naturzusammenhanges – jedenfalls als ultima ratio[2] – akzeptiert werden?

Was alles an Gedankenarbeit und Gefühlsintensität in diesen Fragenzusammenhängen im Laufe der Menschheitsgeschichte

1 Johannes Evang. Kap. 14, 27: «Den Frieden lasse ich euch, meinen Frieden gebe ich euch. Nicht gebe ich euch, wie die Welt gibt. Euer Herz erschrecke nicht und fürchte sich nicht.»
2 «Ultima ratio regum» – «Der letzte Beweisgrund der Könige» – soll nach der Überlieferung die Inschrift gewesen sein, die Kardinal Richelieu während seiner Amtszeit (1624–1642) allen neu gegossenen Kanonen geben ließ.

erbracht worden ist, enthebt uns niemals der Gewissensnot und der Entscheidungskraft, für uns selbst und für jede Zeit neu diese Fragen zu stellen und konkrete Antworten für die Lebensgestaltung zu finden. In der jüngsten Geschichte ist die Friedensfrage deshalb mit besonderer Dramatik zu einer regelrechten Bewußtseinskrise allgemeinster Art geworden, weil angesichts der atomaren Vernichtungswaffen der bisher gültige und relativ leicht verständliche Begriff der Notwehr seine Berechtigung verloren zu haben scheint. Als Notwehr, d. h. als eine gewaltsame Handlung, die aber doch moralisch berechtigt, zumindest entschuldbar ist, wird allgemein diejenige Verteidigung verstanden, «welche erforderlich ist, um einen gegenwärtigen rechtswidrigen Angriff von sich oder einem anderen abzuwenden» (so etwa § 227 BGB). Für den Begriff der Erforderlichkeit wird eine «Verhältnismäßigkeit» verlangt, d. h. das Verteidigungsmittel muß sich bei einer gewissenhaften Interessenabwägung in einer angemessenen Wertigkeit gegenüber dem zu schützenden Rechtsgut befinden.

Wie ist es nun, wenn im Verkehr der Völker untereinander als Mittel der Notwehr im Extremfall der atomare Vernichtungsschlag ernstlich erwogen wird? Kann man sich, seine eigenen Angehörigen und die Angehörigen seines Volkes dadurch schützen wollen, daß man Hunderttausende oder Millionen eines anderen Volkes vernichtet? Und dies noch dazu in der an Sicherheit grenzenden Erwartung, daß schließlich auch dieser Akt der Verteidigung die eigene Vernichtung durch den atomaren Gegenschlag nicht verhindern kann. Politisch Verantwortliche formulieren daher heute oft so, daß der Besitz von atomaren Waffen nur abschrecken solle, er solle eben dem potentiellen Gegner den Anreiz nehmen, anzugreifen. Selbst wenn man sich diesen Gedanken zu eigen macht, bleibt aber doch die Frage, was auf die Dauer mit Waffen geschieht, die unter dem Aspekt geschaffen werden, nur zur Abschreckung, nicht aber zur Benutzung dienen zu sollen. Aus der Geschichte der Menschheit ergibt sich als ein gewisser Erfahrungswert, daß schließlich doch alles das auch betätigt oder eingesetzt wird, was einmal geschaffen ist. Der Mensch erzeugt nichts, was er schließlich nicht auch verwendet. Hier aber liegt ein unauflösbarer Widerspruch vor. Es wird etwas hergestellt, was eigentlich niemals Anwendung finden *darf*[3]. Denn selbst der Einsatz von «nur» taktischen, d. h. in ihrer Wirkung räumlich begrenzten Atomwaffen würde aller Voraussicht nach eine Kettenreaktion in Gang setzen, die nicht mehr steuerbar ist. Die Realisation dieses Mittels wäre wohl unausweichlich auch die Katastrophe, das Ende. Hat die Menschheit als ganze schon einen Reifegrad erworben, mit diesen komplexen Tatbeständen, dieser Antinomie fertig zu werden, ohne in zwangshafte Abläufe hineinzugeraten? – Wir erleben gegenwärtig eine tiefe Gespaltenheit der ganzen Menschheit in der Auseinandersetzung mit dieser Problematik.

II

Wie steht nun die Waldorfschule im Zusammenhang der hier ja nur angedeuteten Fragestellung, mit der jeder einzelne unerbittlich konfrontiert ist? Abgesehen von der Nötigung als Zeitgenosse, sich innerlich dem zu stellen und unter Umständen bis in die Handlung hinein seine Einstellung deutlich zu machen, wird der Waldorflehrer und werden die Eltern nicht zuletzt durch diese in der Schülerschaft immer wieder bewegte Problematik von dieser Seite der Gegenwart heftig angestoßen. Es wird von vielen Seiten gefragt: «Was hat die Waldorfschule zu diesem Problemkreis zu sagen, sagt sie überhaupt etwas dazu?» Sollte sie etwas dazu sagen oder entzieht sie sich einer Antwort?

Man kann den Versuch einer Antwort vielleicht an eine Anfrage anknüpfen, die von einer großen Zeitschrift an die verschiedensten Stellen und so auch an den Bund der Waldorfschulen erging: «Wie stehen Sie zum Thema Friedenserziehung? Wer soll das Fach ‹Friedenserziehung› unterrichten, etwa auch Bundeswehroffiziere? usw.» Es ist der Waldorfschule fremd, die Aufgabe, Menschen zur Friedfertigkeit zu erziehen, im Zusammenhang mit einem hierfür besonders eingerichteten Fach zu sehen. Was soll in solch einer Unterrichtsstunde – über das ohnehin in den Fächern

3 Vgl. Günther Anders: Die Antiquiertheit des Menschen, 5. Aufl. 1980.

Religion, Deutsch, Geschichte, Gegenwartskunde, Tier- und Menschenkunde u. a. zu Entwickelnde hinaus – denn geschehen? Ganz gewiß kann man der tiefernsten Frage nach der Friedensfähigkeit des Menschen nicht dadurch nahekommen, daß man kurzschlüssig von einer gerade akuten dramatischen Situation ausgeht. Auf diese Weise kann nur intensiv in eine polarisierende Konfrontation hineingeführt werden. Ein Teil der Menschheit ist überzeugt davon, auf atomare Waffensysteme als Abschreckung nicht – jedenfalls zur Zeit nicht – verzichten zu können, ein anderer Teil sieht in dem Besitz dieser Waffen schlechthin eine unmittelbare Bedrohung des Friedens in einem bisher in der Menschheit noch nicht gekannten Ausmaß. Unverkennbar ist, daß eine wesentlich treibende Kraft für das Zustandekommen beider Auffassungen ganz schlicht die Angst um die eigene Existenz ist. Das kann aus der Natur des Menschen heraus zunächst auch gar nicht anders sein. Zugleich aber ist die Feststellung genauso berechtigt, daß Angst, gleich in welcher Form und in bezug auf was für Phänomene immer, ein schlechter Ratgeber ist.

Will man also ernsthafte Kriterien für die Themenstellung «Wege zum Frieden» gewinnen, so ist die erste Bedingung hierfür, daß man eine Stimmung der Gelassenheit herstellt. Das aber kann mit glücklicher Wirkung für den Jugendlichen schwerlich im Spannungsfeld der akuten Konfrontation geschehen. Setzt die Schule hier mit ihrem Unterricht unmittelbar ein, so wird kaum mehr dabei herauskommen, als eine apädagogische Beeinflussung durch irgendeine bestimmte Meinung, die doch erst einmal gründlich zu hinterfragen wäre. So wird es Aufgabe gerade der Schule sein müssen, in allen hierfür in Frage kommenden Fächern die Phänomene Krieg und Frieden an sich herauszuarbeiten. Es wird die menschliche Natur mit ihren Bedingungen und das geistig-seelische Wesen des Menschen mit seinen Möglichkeiten, Hoffnungen, Gedanken und Taten im Laufe der Geschichte und die Wiederspiegelung alles dessen in den kulturellen Erscheinungen zu beleuchten sein. Wenn sich so durch die Art der Pädagogik geistige Beweglichkeit im Heranwachsenden regt, wenn etwas von der Würde und der Kraft der menschlichen Persönlichkeit für den Schüler erfahrbar wird, wenn schließlich junge Menschen mit der Kraft, im Feld des Denkens das Element der Wahrheit aufzusuchen und im Felde des Tuns frische Initiative zu entwickeln, begabt werden, und wenn man dabei die besondere Bedeutung intensiver künstlerischer Betätigung berücksichtigt, so hat die Schule ihre Aufgabe optimal erfüllt.

Darüber hinaus kann Friedenserziehung letzten Endes nur als ein gesamtheitlicher Entwicklungsprozeß verstanden werden, der in der Weise angestoßen und ermöglicht wird, daß in sozialen Zusammenhängen friedliche Lebensformen Anwendung finden. Unter diesem Aspekt ist Friedenserziehung in der Schule nicht anders zu denken als dadurch, daß ein Sozialmodell zwischen Lehrern, Eltern und Schülern entwickelt und praktiziert wird, in dem Friedensfähigkeit, d. h. Ausgleich von verschiedenen Interessen, durch einverständliche, vernünftige Regelungen im Umgang miteinander *eingeübt* wird. Dabei wird dann Friedfertigkeit auch zwischen den Vertretern verschiedenster Überzeugungen im Hinblick auf die Frage, ob und wie man sich als Staat bewaffnen soll und wie man den Notwehrbegriff heute verstehen kann, zu üben sein. So kann Schule sehr wohl zum Frieden in der Welt beitragen, wenn sie sich in schöpferischer Selbstbestimmung als Ort eines freien Zusammenwirkens von Menschen unterschiedlichster Lebensauffassung und zum Erziehen in diesem Geiste immer mehr verstehen lernt. In aller Bescheidenheit und menschlich bedingten Vorläufigkeit bemüht sich die Waldorfschule entschieden um diesen Prozeß als Beitrag zum Problem Frieden. Wie sich der einzelne im politischen Feld bei den hier anstehenden Fragen verhält, muß ganz seiner persönlichen Entscheidung vorbehalten bleiben. Schule hat nicht die Aufgabe, sich dabei einzumischen oder indoktrinierend zu wirken.

Wie verhält sie sich nun – konkret die Waldorfschule –, wenn Schüler von sich aus an «Friedensdemonstrationen» teilnehmen wollen? Gewiß wäre es eine Art von Eingriff in die Freiheit, wenn etwa Lehrer die Schüler dazu bestimmen würden, bei entsprechenden Veranstaltungen mitzuwirken. Es wäre sicher auch ein Mißverständnis des Begriffs Waldorfschule, wenn anläßlich einer solchen Veranstaltung offiziell schulfrei gegeben würde. Jede Schule im Bereich der Waldorfschulbewegung ist selbstverständlich für ihre Entscheidungen auf diesem Felde frei. In Übereinstimmung mit der bewährten Praxis an manchen Schulen kann man aber vielleicht sagen, daß die Waldorfschule höchstens den Tatbestand der Abwesenheit von einigen oder einer größeren Anzahl von Schülern an einem bestimmten Tag konstatieren kann. Das angemessene Verständnis des Freiheitsmoments für einen Heranwachsenden auch im Alter unter 18 Jahren wird ihm für ernste und dramatisch zugespitzte Lebenssituationen einen gesteigerten Freiheitsraum zu gewähren haben, der nicht durch einen überspitzten Schulpflichtsbegriff eingeengt werden sollte. Hier kann nur eine sorgfältige Interessenabwägung mit dem Mut zu einer individuellen Entscheidung weiterhelfen. Die Waldorfpädagogik ist nichts Pedantisches, sie ist eine Kunst, eben eine Erziehungskunst, mit der Möglichkeit zur schöpferischen Improvisation. Schon hier zeigt sich übrigens die Fähigkeit zum friedlichen Verhalten exemplarisch: ob man den an sich notwendigerweise strengen Begriff einer Verpflichtung des Schülers, am Unterricht voll teilzunehmen, in einer sozusagen «kriegerischen», d. h. in Repressionen, hier etwa Schulstrafen, sich erweisenden Weise anwenden will; oder ob man den Weg zu einem diesem Vorkommnis wirklich gerecht werdenden, zu einem menschlich würdigen Ausgleich finden kann.

III

Die Existenz der Waldorfschule kann aber noch in einer anderen Weise dem einzelnen eine Anregung für ein tieferes Verstehen der Frage nach den Möglichkeiten des Friedens in der Menschheit geben. Die Sozialgestalt dieser Schule beruht auf den Ideen von der Dreigliederung des sozialen Organismus, wie sie Rudolf Steiner seit 1917 dargestellt hat. Wenn man sich in diesen Ideenzusammenhang stärker hineinarbeitet, so stößt man auf bedeutende Funktions- und Strukturzusammenhänge für das soziale Leben, wie wir sie in den vorangehenden Kapiteln immer wieder von den verschiedensten Seiten ins Auge gefaßt haben[4]. Innerhalb des *Geisteslebens* wollen die schöpferischen Fähigkeiten des Menschen sich frei entfalten. Die diesem Bereich angemessenen Strukturen

4 Siehe hierzu insbesondere Kapitel 1.

müssen dazu dienen, dem Menschen – jedenfalls in Annäherungs-werten – größtmöglichen Gebrauch seiner individuellen Kräfte zu erlauben, um sie in den sozialen Zusammenhang hineingeben zu können. Eine ganz andere Funktion im sozialen Organismus hat das *Wirtschaftsleben*, das der notwendigen Befriedigung der menschlichen Bedürfnisse dient, die sich primär aus seiner leiblichen Natur, aber auch aus seinem seelischen und geistigen Wesen ergeben. Die für diesen Bereich angemessenen Strukturen bilden sich dann heraus, wenn sich die Verbraucher (das sind wir alle) mit den Produzenten «an einen Tisch setzen», um sich darüber auszu-tauschen, wie die tatsächlichen Bedürfnisse am zweckmäßigsten befriedigt werden können. Gemeinsam muß man sich Bilder davon machen, was gewünscht wird, was notwendig ist und was aber auch für Bedingungen für eine sinnvolle Produktion be-stehen.

Zwischen diesen beiden Bereichen, die einerseits der Entfaltung der individuellen Kräfte des Menschen dienen und andererseits sich mit seiner durch die irdischen Verhältnisse ergebenden Bedürfnisnatur beschäftigen, steht vermittelnd der Bereich des *Rechts- und Staatslebens*, der ohne Ansehung der individuellen Artung (sei es nun Alter, Geschlecht, Rasse, Religionsangehörig-keit usw.) Ordnungen zwischen den Menschen herbeizuführen und zu verbürgen hat, die der Würde des Menschen angemessen sind. Dieses Rechtsleben ist, richtig verstanden und gehandhabt, keine fremde, anonyme Macht, die den Menschen verwaltet – wir alle sind als Staatsbürger aufgerufen, eine aktive Funktion in die-sem demokratischen Zusammenhang auszuüben.

Nun ist es deutlich, daß man, indem man entsprechende Ideen innerlich bewegt und sich bemüht, sie zu verwirklichen, nicht einer geschichtslosen Wirklichkeit gegenübersteht. Die heutigen sozialen Verhältnisse sind durch historische Abläufe vielfältig vor-geprägt. Eine entscheidende dieser Bedingungen ist die, daß das deutsche Volk als selbständige politische Kraft im Weltzusammen-hang – in der Mitte zwischen östlichen und westlichen Kräften stehend – als Folge einer langen ideenlosen Entwicklung in dem schrecklichen Tiefpunkt des «Dritten Reiches» seine Eigenständig-keit verspielt hat. Das erschwert unverkennbar die Möglichkeit, vom deutschen Schicksalsraum aus ausgleichend in der Welt zu wirken, heißt aber doch nicht, daß nicht jeder einzelne an der Stelle, an der er steht, versuchen kann, neue Impulse zu aktivieren. Es geht um Ansätze, die es ermöglichen, angemessenere Lebensformen in die Beziehungen zwischen den Menschen zu bringen, je nach Maßgabe dessen, ob es sich um einen Zusammenhang des Geisteslebens, des Wirtschaftslebens oder des Rechtslebens handelt. Nur in einem solchen Bemühen um neue soziale Formen können die Fähigkeiten des einzelnen Menschen und die von Menschengruppen langsam wachsen, welche Schritt für Schritt zu einem friedlichen Miteinander in der Welt führen.

Die bloße Sehnsucht nach Frieden, aus Sorge und Verzweiflung geboren, wird gegenüber der Last der bestehenden Verhältnisse zur Erfolglosigkeit verurteilt sein. Jede Form von Angst ruft die vernebelnden und lähmenden Gegenkräfte auf den Plan. Wir müssen lernen, aus dem innersten geistigen Kern des Menschen heraus die Dinge um uns herum ins Rechte zu denken. Und wir können, jeder an seinem Platz und jeder zunächst einmal bei sich selber (durch Selbsterziehung) beginnend, auch vieles in der Richtung auf gesündere soziale Verhältnisse tun. Zur Resignation besteht kein Anlaß. Schon der bescheidenste Ansatz, mit Mut und Entschiedenheit unternommen, kann etwas von den positiven, die Welt verwandelnden Kräften offenbar machen. In diesem Sinne tätig zu sein, kann als wahrhaftes Christentum verstanden werden. Wer mit der Waldorfschule durch seine Lebensverhältnisse in Berührung gekommen ist, hat die Chance, sich zu produktivem Tun anregen zu lassen.

«Menschenkunde und Erziehung»

Schriften der Pädagogischen Forschungsstelle
beim Bund der Freien Waldorfschulen

VERLAG FREIES GEISTESLEBEN

VERLAG FREIES GEISTESLEBEN

Erziehung vor dem Forum der Zeit

VERLAG FREIES GEISTESLEBEN